O Fruto:
uma jornada pelas características do Fruto do Espírito

por Mariel Batista

O FRUTO DO ESPÍRITO
©2023, by Mariel Batista

Todos os direitos desta edição em língua portuguesa são reservados e protegidos por Editora Vida pela Lei 9.610, de 19/02/1998.

É proibida a reprodução desta obra por quaisquer meios (físicos, eletrônicos ou digitais), salvo em breves citações, com indicação da fonte.

Exceto em caso de indicação contrária, todas as citações bíblicas foram extraídas da Nova Versão Internacional (NVI) © 1993, 2000, 2011 *by International Bible Society*, edição publicada por Editora Vida.

Todos os direitos reservados.

Todas as citações bíblicas e de terceiros foram adaptadas segundo o Acordo Ortográfico da Língua Portuguesa, assinado em 1990, em vigor desde janeiro de 2009.

As opiniões expressas nesta obra refletem o ponto de vista de seus autores e não são necessariamente equivalentes às da Editora Vida ou de sua equipe editorial.

Os nomes das pessoas citadas na obra foram alterados nos casos em que poderia surgir alguma situação embaraçosa.

Todos os grifos são do autor, exceto os indicados.

EDITORA VIDA
Rua Conde de Sarzedas, 246 — Liberdade
CEP 01512-070 — São Paulo, SP
Tel.: 0 xx 11 2618 7000
atendimento@editoravida.com.br
www.editoravida.com.br
@editora_vida /editoravida

Editora-chefe: Sarah Lucchini
Editora responsável: Eliane Viza B. Barreto
Preparação: Priscila Laranjeira
Revisão: Paulo Oliveira
Revisão de provas: Rosalice Gualberto
Coordenadora de design gráfico: Claudia Fatel Lino
Projeto gráfico e diagramação: Vanessa S. Marine
Capa: Vinicius Lira
Imagens de miolo: Freepik @freepik

1ª edição: ago. 2023

Dados Internacionais de Catalogação na Publicação (CIP)
(Câmara Brasileira do Livro, SP, Brasil)

Batista, Mariel
  O fruto / Mariel Batista. -- São Paulo: Editora Vida, 2023.

  ISBN 978-65-5584-428-3

  1. Espírito Santo - Doutrina bíblica 2. Espírito Santo - Meditações 3. Fruto do Espírito 4. Literatura devocional 5. Oração - Cristianismo 6. Vida espiritual - Cristianismo I. Título.

23-162382   CDD-028.5

Índice para catálogo sistemático:
1. Fruto do Espírito : Cristianismo 234.13
Aline Graziele Benitez — Bibliotecária — CRB-1/3129

Dedico este livro ao meu amado marido, cujo apoio e amor incondicional estiveram comigo a cada passo desta jornada criativa.
E aos nossos filhos, que pacientemente compartilharam suas risadas, abraços e inspirações, tornando cada palavra escrita uma celebração da nossa preciosa união familiar!

Em *O Fruto: uma jornada pelas características do Fruto do Espírito*, Mariel Batista nos guia em uma jornada de descoberta e transformação espiritual ao explorar o Fruto do Espírito Santo. Com histórias impactantes, exemplos bíblicos sabiamente contextualizados e ferramentas práticas relevantes, somos capacitadas a cultivar esse fruto em nossa vida diária. Prepare-se para desafios e inspiração, abraçando uma vida plena e transbordante acerca do Fruto do Espírito Santo!

Michelle Rostirola

Pastora da Igreja Reviver em Itajaí, Santa Catarina, esposa do pastor Júnior Rostirola e mãe de João Pedro e Isabella

Uma busca mundial por paz, alegria e amor! Entre tantas outras características que incansavelmente buscamos nas coisas, todas elas já estão supridas por: *O Fruto: uma jornada pelas características do Fruto do Espírito*. Com ousadia e sensibilidade, Mariel nos leva em uma jornada de descoberta e transformação. Sua escrita é ágil e envolvente, tornando a leitura rápida e prazerosa. Recomendo muito!

Bispa Dirce Carvalho

Esposa, mãe e empreendedora, Dirce Carvalho é bispa na Comunidade das Nações em Brasília/DF e idealizadora do Modeladas Experience

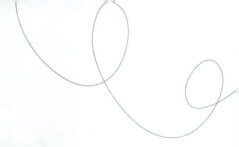

Este livro é simplesmente extraordinário! Abordando um tema mais atual do que nunca e de extrema importância, Mariel Batista conduz a leitora de forma prática e eficaz em uma jornada de conhecimento e descoberta. A leitura vai muito além das palavras, tornando-se uma experiência enriquecedora e envolvente. Recomendo fortemente a todos que desejam mergulhar nesse assunto essencial.

Paulinha Leonardo

Influencer digital, esposa do pastor Deive Leonardo
e mãe dos pequenos João, Noah e Serena.
É membro da Igreja dos Filhos em Joinville, Santa Catarina

Recomendo o livro *O Fruto: uma jornada pelas características do Fruto do Espírito*, escrito por Mariel Batista com entusiasmo e gratidão. Mariel é uma mulher de Deus com o propósito inspirador de ensinar e compartilhar sabedoria e conhecimento às mulheres. Sua vida tem sido uma bênção em minha jornada espiritual, e, ao ouvir suas palavras, percebo como o Senhor tem usado seu coração para impactar a vida de muitas pessoas. O livro é uma jornada de transformação, que traz acolhimento e a presença do Espírito Santo. Recomendo a leitura para quem busca se aproximar de Deus e crescer no relacionamento com Ele.

Caru Naciff

Caru Naciff é advogada, empresária, apresentadora
e palestrante, além de esposa e mãe. Atualmente é membro
da God Provider Church em Goiânia

SUMÁRIO

Agradecimentos **11**
Prefácio **13**
Introdução **15**

CAPÍTULO 1
O que é fruto
19

CAPÍTULO 2
Amor
35

CAPÍTULO 3
Alegria
51

CAPÍTULO 4
Paz
65

CAPÍTULO 5

Paciência

79

CAPÍTULO 6

Bondade

93

CAPÍTULO 8

Fidelidade

123

CAPÍTULO 7

Amabilidade

107

CAPÍTULO 9

Mansidão

137

CAPÍTULO 10

Domínio próprio

153

Conclusão

169

Agradecimentos

Gostaria de expressar minha profunda gratidão a todos aqueles que me acompanharam nesta jornada e tornaram este livro possível. Primeiramente, ao meu Deus, por sua infinita graça e inspiração. Sem sua orientação e força, este projeto não teria se concretizado. Sinto-me abençoada por contar com sua presença em cada etapa deste processo, Espírito Santo!

Ao meu marido, que tem sido meu pilar de força e apoio incansável. Obrigada por estar sempre ao meu lado, acreditar em mim e me incentivar a seguir meus sonhos. Sua paciência, amor e compreensão são inestimáveis.

Ao meu pai, que, embora não esteja mais entre nós, foi quem me lançou na paixão pela leitura e escrita. Hoje eu frutifico por meio de tudo o que ele semeou na minha vida. Seu legado vive em mim e em cada palavra que escrevo! Dedico este livro a ele e à minha mãe, agradecendo-lhes por terem me dado a vida e pelo amor e sabedoria que moldaram a pessoa que sou hoje.

Aos meus filhos, do ventre e do coração, que foram minha fonte de inspiração diária, agradeço por compreenderem os momentos em que precisei me dedicar intensamente a este trabalho. Seu sorriso e amor incondicional tornam cada desafio mais valioso e recompensador.

Aos meus familiares, amigos e seguidores, vocês foram minha rede de apoio durante toda a jornada. Agradeço por serem ouvintes pacientes, por me encorajarem e por compreenderem a importância deste projeto em minha vida.

A todos os que contribuíram direta ou indiretamente para a realização deste livro, meu muito obrigado. Seja por meio de palavras de encorajamento, *feedback* construtivo ou simplesmente compartilhando momentos especiais, cada gesto foi fundamental.

Enfim, agradeço a cada leitora que embarcar nesta jornada literária. Espero que este livro possa tocar seu coração, assim como cada página tocou o meu.

Com gratidão,
Mariel da Rocha Batista

Prefácio

Você já parou para pensar em como seria sua vida se estivesse verdadeiramente conectada ao Fruto do Espírito Santo? Imagine experimentar o amor incondicional, alegria transbordante, paz profunda, paciência inabalável, amabilidade e bondade generosas, fidelidade inquebrantável, mansidão autêntica e um domínio próprio que supera qualquer desafio. Parece um sonho, mas essa vida é possível para você!

Nas próximas páginas, uma jornada incrível de descobertas está aguardando por você. Prepare-se para embarcar em uma viagem que mudará sua perspectiva sobre si mesma, sobre Deus e sobre o poder transformador que o Fruto do Espírito Santo pode promover em sua vida.

Em *O Fruto: uma jornada pelas características do Fruto do Espírito*, Mariel Batista mergulha fundo na essência do Fruto do Espírito Santo, desvendando segredos ocultos e revelando verdades que podem revolucionar sua jornada espiritual. De forma apaixonada e envolvente, ela convida cada leitora a se entregar a uma experiência íntima com o Espírito Santo, que resultará em mudanças reais e duradouras.

Enquanto lê cada página, você será levada a explorar as profundezas da sua própria alma, pois Mariel convida a refletir sobre as áreas em que você pode se sentir vazia, ansiosa ou desconectada de Deus. Mas não se preocupe, porque ela não a deixará nesse estado de introspecção, e sim a guiará amorosamente para uma nova perspectiva, revelando o poder transformador do Fruto do Espírito Santo em sua vida.

A mensagem de Mariel é tão poderosa quanto convidativa, lembrando que você não está destinada a viver uma vida de mediocridade espiritual. Ao contrário, todos somos chamados a experimentar uma vida abundante, repleta da presença viva de Deus em nós. O Fruto do Espírito Santo é o caminho para alcançar essa plenitude, e Mariel compartilha conosco as ferramentas e *insights* práticos para cultivá-lo em nossa vida.

Enquanto você se aventura neste livro, prepare-se para ser desafiada, encorajada e inspirada, pois a autora compartilha histórias poderosas de transformação, exemplos bíblicos cativantes e princípios atemporais que abrirão seus olhos para a beleza e o potencial que estão ao seu alcance. Mas não se engane, cara leitora. Este não é apenas mais um livro teórico sobre espiritualidade. Nele você será chamada a uma jornada de ação, a uma resposta prática aos desafios que enfrenta e desafiada a dar passos corajosos, vivendo os resultados da plenitude do Espírito Santo em seu cotidiano. Não importa em que estágio você esteja em sua caminhada espiritual, esta obra irá capacitá-la a ir além, a mergulhar mais fundo nas águas vivificantes do Espírito.

Agora, segure este livro com firmeza e abra seu coração para a jornada que está prestes a começar. Abrace a oportunidade de se tornar uma pessoa transformada, um agente de amor, alegria, paz, paciência, amabilidade, bondade, fidelidade, mansidão e domínio próprio neste mundo. O Fruto do Espírito Santo está pronto para se manifestar de uma forma que você nunca imaginou.

Deixe-se levar pela inspiração e promessa de uma vida transbordante de plenitude. Seja bem-vinda à descoberta do Fruto do Espírito Santo!

Com muito amor e carinho,

Pastor Junior Rostirola

Pastor sênior da Igreja Reviver. Coordena projetos sociais em sua cidade e no exterior. É autor do livro *best-seller Café com Deus Pai* e criador de um dos *podcasts* evangélicos mais ouvidos do Brasil.

Introdução

À s vezes, nós nos sentimos sufocadas e sem esperança diante de tantos cenários desafiadores: violência, traições, solidão, baixa autoestima, atuação na igreja, educação de filhos, pressão no trabalho, afazeres da casa e a conciliação da profissão. Nós mulheres nos deparamos com situações difíceis todos os dias, e os aprendizados descritos nestas páginas têm como propósito ajudá-la na busca e enchimento do Espírito, a fim de que a manifestação de suas características seja uma realidade que permeará toda a sua existência.

Pertencemos a um Deus amoroso que já nos proporcionou tudo de que necessitamos para vencermos em todos os aspectos! O Espírito Santo é o nosso consolador e conselheiro, e aprenderemos como usufruir desse poder sobrenatural no decorrer destas páginas.

Jesus afirma que cada árvore é reconhecida por seus frutos, e, da mesma forma, o nosso modo de agir e lidar com o próximo revela aspectos profundos de quem realmente somos. Participar de reuniões, encontros, cultos dominicais e servir à nossa igreja local não são total garantia de um relacionamento íntimo com Deus. Felizmente, a Bíblia nos dá ferramentas para desenvolvermos essa intimidade, guiando-nos com a finalidade de sermos aprimoradas e santificadas. Há um medidor que é capaz de verificar se, de fato, temos ou não uma relação comprometida com o Senhor: andando nas obras da carne ou vivenciando o Fruto do Espírito. Na carta do apóstolo Paulo à igreja da Galácia, ele enumera detalhadamente as atitudes vivenciadas por aqueles que escolhem dar lugar ao pecado:

Ora, as obras da carne são manifestas: imoralidade sexual, impureza e libertinagem; idolatria e feitiçaria; ódio, discórdia, ciúmes, ira, egoísmo, dissensões, facções e inveja; embriaguez, orgias e coisas semelhantes. Eu os advirto, como antes já os adverti, que os que praticam essas coisas não herdarão o Reino de Deus. (Gálatas 5.19-21)

Que lista, não é mesmo? Esses itens nos separam de Deus e impedem-nos de ter verdadeira comunhão com o Pai, prejudicando não apenas a nós mesmas, mas ao próximo. Considerando o aviso de Paulo, nossa maior busca, como filhas de Deus, é servir à sua lei por meio do nosso entendimento e discernimento, a fim de sermos livres da lei do pecado. Entretanto, estamos inseridas em uma verdadeira luta, na qual a nossa vontade sempre tentará prevalecer sobre a vontade soberana do Senhor. Nada simples, você concorda? Felizmente, Paulo não aponta apenas o problema, ele mostra a solução: o Fruto do Espírito: "Mas o fruto do Espírito é amor, alegria, paz, paciência, amabilidade, bondade, fidelidade, mansidão e domínio próprio. Contra essas coisas não há lei. Os que pertencem a Cristo Jesus crucificaram a carne, com as suas paixões e os seus desejos" (Gálatas 5.22-24).

Você já refletiu sobre as qualidades de um fruto? Quando colocamos na boca uma fruta madura, doce e suculenta, sentimos o quanto é deliciosa e agradável ao paladar. A verdade é que, além de nos alimentar, a fruta, no ponto certo, traz-nos uma sensação de bem-estar, satisfação e ainda nos proporciona vitaminas que nutrem o nosso corpo, enchendo-nos de saúde.

Tomemos como exemplo a tangerina. Além de ser atraente à vista, possui um cheiro muito apetitoso. Quando a tocamos, sentimos a textura de sua casca e vemos a intensidade de sua cor alaranjada. O que mais agrada nessa fruta, no entanto, é a delícia que traz ao nosso paladar, com seu sabor adocicado e refrescante. É interessante como uma simples tangerina consegue ser bela, cheirosa e saborosa, sendo tão agradável aos nossos sentidos, não é mesmo?

Pode parecer uma comparação simples, mas quando exercitamos o Fruto do Espírito em nossa vida, nós nos sentimos satisfeitas por vivermos da maneira que agrada a Deus. Assim como a tangerina, o Fruto do Espírito é alimento, cheio de nutrientes que fortalecem nossa mente, alma e coração. Ele nos esclarece, ou seja, aclara a nossa visão, toca nossas emoções e faz com que nos importemos com a dor, o sofrimento, as alegrias, as lutas e as conquistas do outro.

Assim como a tangerina exala um aroma no ambiente, quando estamos cheias do Espírito, podemos exalar o **bom perfume de Cristo**, cumprindo a nossa missão de maneira orgânica.

O Fruto do Espírito é transformador e acessa profundamente não apenas os nossos sentidos físicos, mas todo o nosso ser. Em meio ao estresse e às pressões do dia a dia, não devemos agir como se estivéssemos sozinhas ou abandonadas à nossa própria sorte. O Senhor nos presenteou com uma mente renovada, que passará por um processo de santificação e aperfeiçoamento, a fim de sermos capazes de refletir o seu caráter e desenvolver todas as qualidades que o Espírito Santo detém, já que nos tornamos agora o seu precioso templo.

Amor, paciência, amabilidade e bondade serão essenciais nesse percurso, ajudando-nos a lidar com situações difíceis de forma compassiva. A busca pela paz interior muda a nossa maneira de enxergar os obstáculos, gerando em nós equilíbrio e serenidade sobrenaturais, que excedem qualquer lógica humana. O domínio próprio pode ajudar a tomar decisões sábias e manter o foco nos objetivos, produzindo em nós perseverança. Que tesouro tremendo temos em mãos!

Entretanto, existem posturas que nos impedem de acessar esse alimento tão precioso, afetando a forma como enxergamos as circunstâncias e contaminando nossos sentimentos. A murmuração é um sintoma típico de quem não está aberta para a transformação que o Espírito Santo oferece. Reclamamos demais e deixamos de ver o quanto podemos agradecer ao Senhor. Queremos tudo em um estalar de dedos e, quando as coisas não acontecem exatamente como desejamos e no tempo que esperamos, entristecemos o coração de Deus com a nossa ingratidão. Portanto, para que a gratidão faça parte de nossa rotina diária e nossos olhos físicos e espirituais sejam abertos, precisamos do Fruto do Espírito.

Nesse sentido, vamos fazer um propósito?

Durante a leitura deste livro, enquanto aprendemos sobre o Fruto do Espírito, não reclamaremos das dificuldades. Em vez disso, vamos agradecer a Deus por todo o bem que ele tem feito a nós, suas filhas, nascidas de novo e dotadas de uma vida nova ao lado do Senhor. Vamos amar, ter alegria, paz, sermos pacientes, amáveis, bondosas, fiéis, mansas e exercermos o domínio próprio, revelando, assim, quem mora em nosso coração e dirige as nossas ações.

Você aceita o desafio? Então, venha comigo nesta jornada pelas características do Fruto do Espírito e seja edificada.

Cada página de abertura dos capítulos foi elaborada para você colorir e expressar a sua arte. Divirta-se!

"A evidência do Fruto do Espírito em nossa vida é a nossa identificação como cristãos."

— Karoline Luxinger[*]

[*] Karoline Luxinger é pastora, professora no Rhema Brasil e CEO do Colégio Ramo da Videira, em Salvador/Bahia.

O Fruto

Eu e você sabemos o que é fruto não apenas pelo conceito ensinado nas aulas de Biologia, mas porque muitos frutos fazem parte do hábito alimentar dos povos desde que o mundo é mundo. Em termos botânicos, o fruto é o órgão que vem da flor, e ele tem como função proteger as sementes e auxiliar na dispersão delas. Ou seja, frutificar. Porém, o termo fruta não possui um significado na botânica; ele é popularmente utilizado para se referir às partes suculentas e adocicadas que se originam da flor, mas que nem sempre se desenvolvem do ovário.

Ainda que tenhamos gostos diferentes, no geral, todos amamos uma fruta suculenta e docinha! Eu, particularmente, acho o morango muito saboroso, também uma das frutas mais belas criadas pelo Senhor. Há pouco tempo, enquanto rolava a minha *timeline*[1], eu me deparei com um vídeo que mostrava o processo da evolução de um morango: do broto a uma bela flor; da flor ao saboroso morango[2]. Além de me divertir com aquela publicação, não pude deixar de pensar em como a criação passa por etapas até chegar à maturidade, ao fruto.

Mesmo o mais sutil detalhe nos revela que cada fase da frutificação é importante: as flores são lindas, as folhas e o caule dão sustentação, o fruto é o alimento, e as sementes têm uma função muito especial: dar continuidade à vida da planta.

---

1. *Timeline*, ou "linha do tempo" em português, é a sequência das publicações feitas nas plataformas das redes sociais. [N.E.]

2. Saiba mais em: https://sistemasdeproducao.cnptia.embrapa.br/FontesHTML/Morango/MesaSerraGaucha/plantio.htm#:~:text=O%20plantio%20do%20morangueiro%20%C3%A9%20frias%2C%20para%20assegurar%20a%20qualidade. Acesso em: 19 maio 2023.

No entanto, para que a semente cresça, é necessário que o solo esteja adubado, que haja água e sol. Esses cuidados são essenciais, seja para um simples pé de laranja no quintal de sua casa, seja para uma grande plantação. De igual forma, a fim de que a Palavra de Deus germine em nosso interior, o coração tem de ser regado, adubado e exposto ao sol. Observe o que os textos bíblicos nos dizem a esse respeito:

A semente da Palavra precisa cair em boa terra, em um solo fértil

"Mas as que caíram em **boa terra** são os que, com coração bom e generoso, ouvem a palavra, a retêm e dão fruto, com perseverança" (Lucas 8.15 – grifo nosso); "E quanto à semente que caiu em **boa terra**, esse é o caso daquele que ouve a palavra e a entende, e dá uma colheita de cem, sessenta e trinta por um" (Mateus 13.23 – grifo nosso).

A semente necessita de água, portanto nós precisamos nascer da água e do Espírito

"Respondeu Jesus: 'Digo-lhe a verdade: Ninguém pode entrar no Reino de Deus, se não **nascer da água e do Espírito**'" (João 3.5 – grifo nosso).

A semente não germina sem a exposição à luz do Sol

"A tua palavra é lâmpada que ilumina os meus passos e **luz que clareia o meu caminho**" (Salmos 119.105 – grifo nosso).

A semente precisa se multiplicar

"Eu sou a videira verdadeira, e meu Pai é o agricultor. Todo ramo que, estando em mim, não dá fruto, ele corta; e todo que dá fruto ele poda, para que **dê mais fruto ainda**" (João 15.1,2 – grifo nosso).

É maravilhoso percebermos que os mesmos cuidados devem ser observados por aqueles que são nascidos do Espírito Santo de Deus.

Essa analogia entre o fruto e a vida de quem é nascido de novo nos apresenta uma verdade poderosa: não podemos viver sem Jesus, sem a doce presença do Espírito Santo de Deus e sem as demonstrações de que ele está conosco. Isso me leva a pensar em outra verdade em relação aos conceitos iniciais deste capítulo. Da mesma forma que para a Ciência nem todo fruto é uma fruta e vice-versa, na vida espiritual nem todas as pessoas que são alegres, pacientes, mansas têm o Fruto do Espírito espalhando sementes através delas. O verdadeiro Fruto do Espírito só pode ser compartilhado por quem é nascido de novo e se encheu da plenitude do Espírito de Deus.

O Fruto é o resultado de quem está pleno nele. E você percebeu que a Bíblia menciona o Fruto, e não os frutos? Isso, porque é apenas um fruto com nove características diferenciadas, que nos auxiliarão a viver de forma que agrade a Deus, revelando-o em tudo o que fizermos. São esses os aspectos que mostrarão ao mundo que há "algo diferente" em nós. Gálatas nos lembra de que "[...] o fruto do Espírito é amor, alegria, paz, paciência, amabilidade, bondade, fidelidade, mansidão e domínio próprio. Contra essas coisas não há lei" (5.22,23).

Todas essas nove qualidades mencionadas devem formar uma unidade na vida do cristão, com o objetivo de que o fruto esteja completo e saudável.

Para entendermos com mais nitidez essa comparação, vamos tomar como exemplo uma fruta que possui alguns nomes diferentes dependendo da região do país. Na minha terra, é a bergamota; já onde meu marido nasceu, costuma-se dizer mexerica. Então, para não entrarmos em conflito, vamos chegar ao consenso de chamá-la de tangerina! Enfim, ela possui muitos gomos, mas é uma fruta apenas. Ou seja, nessa analogia, a tangerina é o Fruto do Espírito, e os gomos, as suas muitas expressões.

Ao abordar esse tema, o apóstolo Paulo também o diferencia dos dons do Espírito, que são dados por Deus para o exercício da obra, o que é bem diferente – mas isso é assunto para

> Você consegue ver o aperfeiçoamento do Fruto do Espírito Santo na sua vida desde que conheceu Jesus? Quais de suas características percebe mais presentes?

outro livro. Recomendo que você leia a lista dos dons em 1 Coríntios 12.8-10, entre outros textos bíblicos acerca do assunto.

O Espírito Santo de Deus foi um presente que Jesus nos deixou depois de sua partida. Ele é o nosso Conselheiro, Ajudador, Consolador, uma pessoa com a qual devemos nos relacionar em intimidade, investindo o máximo do nosso tempo, pois é nesse processo que vamos amadurecendo, a fim de manifestarmos o caráter de Cristo.

A Bíblia usa o termo "fruto" considerando que as nove características são a consequência, ou seja, é preciso haver uma ação, um efeito direto da vida com Deus. Paulo chama de fruto o **resultado** da ação do Espírito Santo em nós – é um ato transformador que só acontece pelo Espírito.

Vivendo na intimidade

Antes de avançarmos no entendimento a respeito do Fruto e suas características, consideremos primeiramente o que é preciso para desenvolvermos proximidade e comunhão com Deus, afinal, o Senhor zela por isso: "Sabemos que permanecemos nele, e ele em nós, porque ele nos deu do seu Espírito" (1 João 4.13).

Não é possível produzirmos o Fruto do Espírito sem uma plena intimidade com a Trindade; para isso, ler e meditar na Palavra se torna de fundamental importância, assim como orar em tempo e fora de tempo, jejuar e desfrutar da presença do Espírito Santo. São as disciplinas espirituais que nos ajudam a estabelecer uma amizade com Deus:

A leitura da Palavra

Não basta apenas ler, é necessário estudar as Escrituras. O salmista já nos adverte a "meditar nela, de dia e de noite". Meditar é diferente de apenas decodificar sílabas, é pensar muito, refletir sobre o assunto, passar o tempo analisando detalhadamente, considerando cada aspecto do que foi abordado.

Não sei se já aconteceu com você – comigo já, inúmeras vezes! – de, ao ler pela vigésima vez um texto na Bíblia, de repente – uau! – uma palavra específica salta aos olhos, trazendo uma curiosidade e uma revelação nova acerca de algo que já havia sido lido e estudado anteriormente. Isso acontece porque a Palavra do Senhor é **viva e eficaz**. Como aquele que inspirou as Sagradas Escrituras, o Espírito está presente enquanto a estudamos, trazendo luz e compreensão.

Um dos evangelistas mais relevantes que tivemos nos últimos tempos, Billy Graham (1918 - 2018), costumava dizer: "A Palavra de Deus é mais atual que o jornal que sairá amanhã"[3]. Portanto, estudá-la é estar em sintonia com as instruções mais pertinentes para os nossos dias. Ela é um verdadeiro manual cheio de sabedoria que nos liga diretamente com os Céus.

Algumas ferramentas podem nos dar um suporte na hora da leitura da Bíblia, como papel e caneta, tempo de qualidade, referências para pesquisa e a *internet*. Há diversos canais de pregação que poderão servir de apoio para o entendimento de determinado texto bíblico. Mas, cuidado, busque fontes confiáveis e não troque pequenas doses de ministrações virtuais pela comunhão e fortalecimento que há no congregar (cf. Hebreus 10.25).

A leitura da Palavra de Deus também nos fortalece, nos dá músculos para enfrentarmos as dificuldades do dia a dia. Você já observou que, quando começamos a nos exercitar em uma academia ou em casa, nos primeiros dias, sentimos dores e desânimo? No entanto, à medida que perseveramos na atividade, vamos nos acostumando e, gradativamente, notamos que nossos músculos vão se fortalecendo. Da mesma forma acontece com os "músculos espirituais": quanto mais lemos e meditamos na Palavra, mais somos fortalecidos em nossa caminhada com Deus, pois somos impulsionados a buscar o crescimento, tendo a nossa fé ativada.

Outro conselho é ler a Palavra em voz alta (cf. Romanos 10.17). Parece incrível, mas muitas vezes achamos que precisamos apenas ouvir dos pregadores durante o culto presencial ou nas redes sociais; todavia, a leitura em voz alta nos ajuda a fixar as verdades que acabamos de ler.

---

3 Famosa frase de Billy Graham proferida em alguns de seus sermões. [N.E.]

> Leia hoje os versículos citados neste trecho: Hebreus 10.25 e Romanos 10.17 e anote o que refletiu sobre eles.

A oração

Meu marido tem uma frase que eu acho genial. Ele diz que "orar é ter o WhatsApp de Deus!". Isso significa que é ter uma conexão direta com o Pai. Algumas pessoas se sentem receosas e sem rumo quanto a esse assunto, pois pensam que para falar com Deus necessitam de uma entonação específica, um discurso eloquente, com belas e elaboradas palavras. Mas se esquecem de que a oração nos oferece a oportunidade de sermos nós mesmos diante do nosso Criador. Ele quer ouvir a nossa voz e ser ouvido por nós no secreto e na simplicidade da nossa alma (cf. Mateus 6.6).

Eu sempre digo que mais importante que ter apenas momentos de oração é viver uma vida **em** oração. A vida em oração é aquela que não perde a oportunidade de falar com o Criador. Em nossos momentos com Deus, muitas vezes, perguntas serão respondidas, direcionamentos serão dados e socorro será prestado.

Separei alguns conselhos simples, e já conhecidos, que nos ajudam a colocar em prática o nosso tempo de oração:

1. Escolha um lugar (cf. Lucas 5.16): A Bíblia diz que Jesus se **retirava** para orar, e tudo o que fez nesta Terra nos serve de ensino. Se o próprio Mestre procurava se manter afastado de toda agitação para seus momentos com o Pai, como podemos nós negligenciarmos essa prática?

Você pode até orar no ônibus, no caminho para a escola ou trabalho, mas essa experiência é como fazer "um lanchinho". Acima disso, a oração deve ser considerada uma "refeição";

e, para nos alimentarmos corretamente, devemos parar, colocando-nos na posição de quem fala e de quem ouve o que Deus tem a dizer. Ao decidir o local, seja no quarto, na sala, em um espaço ao ar livre, certifique-se de que ele é adequado para o seu tempo com o Pai.

Recentemente, eu tive a oportunidade de fazer em minha casa um espaço de oração. Ele nada mais era que uma sacada sem utilidade, a não ser ficar molhada quando chovia, pois era aberta. Após visitar a casa de um grande amigo no Kansas, EUA, e conhecer o quarto de oração que havia ali, eu e meu marido ficamos impactados pela forma como aquele ambiente espiritual proporcionava uma experiência de entrega, adoração e total rendição ao Senhor.

Então decidimos fazer o mesmo em casa, fechando a sacada com vidro e colocando um tapete e alguns *puffs*, para facilitar a posição de joelhos; uma estante repleta de livros; Bíblias; cadernos; uma escrivaninha, para termos um suporte quando as ideias vêm; fotos de nossa família, a fim de orarmos por cada membro; entre tantos outros objetos pessoais básicos, sem requintes, mas cheios de significados para nós. Assim como na vida, o mais importante não é o que temos, mas **quem** temos. E, nesse lugar, você terá a presença maravilhosa do Senhor!

Portanto, lembre-se sempre de que não importa o lugar, mas a sua disposição de estar lá inteiramente para ele, sem ruídos ou distrações.

2. Mantenha uma disciplina (cf. Jeremias 29.12): É difícil, na rotina diária, principalmente neste tempo de tantas demandas, acharmos um horário ideal para falar com Deus. Isso não é apenas **com** você, todos nós temos vivido dias agitados e até mesmo estressantes, porém precisamos aprender a, dentro dessas tantas atividades, administrar o nosso tempo, a fim de dar um lugar de destaque para aquele que deve ser a nossa prioridade. Não poucas vezes, queremos cem por cento de Deus, mas nem sempre estamos dispostas a entregar um por cento do nosso dia para ele, a saber, quatorze minutinhos somente.

Considerando isso, algumas pessoas começam a buscar alternativas e soluções para não negligenciarem essa prática: colocam o despertador para tocar na madrugada ou no início da manhã; outras escolhem orar ao anoitecer ou antes de dormir.

Escolha o horário que for melhor para você e tenha disciplina: ore sempre no momento estabelecido. Isso a ajudará a construir uma rotina. Uma vez estabelecida, você sentirá saudades de estar com o Senhor diariamente.

Lembre-se de que a proporção de tempo investido na oração é a mesma que estipula o seu crescimento em intimidade com Deus.

3. Seja espontânea na oração (cf. Mateus 6.6,7): Jesus nos ensinou a oração chamada de o "Pai-Nosso". Ela é muito preciosa, devemos memorizá-la e repeti-la sempre, até mesmo ensinando às crianças. No entanto, ela é um modelo deixado pelo Mestre. Proferir mecanicamente o "Pai-Nosso" é realmente ter um diálogo com Deus? Enquanto você repete, irrefletidamente, uma oração pronta, consegue apresentar a ele seus motivos de oração, gratidão e súplicas? Certamente, uma oração espontânea tem a capacidade de traduzir o que está em nossa mente e coração. Então, fale e saiba que o Senhor está ouvindo.

4. Tenha um coração grato (cf. Salmos 75.1): Durante o tempo reservado à oração, aproveite para louvar ao Senhor. Seu coração deve ser grato a Deus por tudo quanto ele tem feito e é para você e para aqueles a quem ama. Por isso, expresse a sua gratidão de todas as formas que puder: fazendo cartas, cantando, recitando salmos, compondo poemas e frases que revelem o quanto você reconhece a bondade do Senhor. Faça como o salmista: que todo o seu ser louve ao Senhor!

5. Peça perdão (Provérbios 28.13): Confesse seus erros, suas falhas a Deus e saiba que ele está pronto a perdoar, pois se agrada de quem se arrepende, confessa e abandona o pecado.

O perdão é libertador para quem pede e para quem recebe. Quando confessamos os nossos pecados, trocamos a carga pesada que está sobre os nossos ombros pelo fardo leve do Senhor. Então nos sentimos livres e desembaraçadas para uma vida plena no Senhor.

6. Apresente seus pedidos de oração (Tiago 4.3): Sempre que oramos, a parte que parece mais fácil de todas é apresentar os nossos motivos de oração; isso, porque temos uma lista interminável! Pedimos aumento de salário, saúde, beleza física, viagens, realização profissional, pessoal, familiar, entre tantos outros. Não há nada de errado em pedir, no entanto a Bíblia nos adverte que muitas vezes não recebemos porque pedimos mal. Então, da próxima vez que for elaborar a sua listinha de oração, lembre-se do **porquê** e **para que** está pedindo. A resposta virá, como afirma Tiago.

7. Use o silêncio como arma de oração (Lamentações 3.25,26): Quem aqui gosta de sair com aquela amiga que "engata a primeira" e fala tudo da vida dela, porém, quando chega a sua hora de dizer alguma coisa, ela simplesmente lembra que tem um compromisso, levanta-se e vai embora? E você fica lá, com "cara de gol contra", tentando entender por que foi àquele encontro.

Pois bem, assim acontece quando gastamos nossos momentos de oração apenas falando, pedindo, reivindicando e deixamos de nos atentar para o fato de que a outra parte (Deus) está lá também.

Tudo bem falar, pedir perdão, expor seus pedidos de oração, agradecer, mas que tal usar o silêncio como arma para uma oração vitoriosa?

Tire alguns minutos para orar antes de continuar a leitura deste capítulo. Peça ao Senhor que ilumine o seu entendimento, a fim de compreender a revelação do amor de Deus e de sua Palavra enquanto medita!

_____
_____
_____
_____
_____
_____
_____

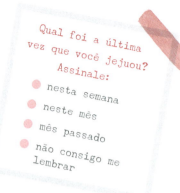

Qual foi a última vez que você jejuou? Assinale:
- nesta semana
- neste mês
- mês passado
- não consigo me lembrar

O jejum

Há diversas convocações bíblicas a respeito do jejum. O texto de Joel é uma delas: "'Agora, porém'", declara o Senhor, 'voltem-se para mim de todo o coração, com jejum, lamento e pranto'" (2.12).

Ao sentirmos os efeitos do jejum, mortificamos o nosso corpo e nos esvaziamos de nossa natureza, oferecendo liberdade ao Espírito Santo para agir em nós e por meio de nós.

Temos nas Sagradas Escrituras exemplos de pessoas que jejuavam pelos mais diferentes motivos e formas. Jesus passou quarenta dias no deserto sem comer nem beber; depois disso, teve fome (cf. Lucas 4.1,2); a rainha Ester ficou três dias sem se alimentar (cf. Ester 4.15,16); o profeta Daniel propôs a si mesmo 21 dias de uma dieta especial (Daniel 10.3); João Batista, além do voto de nazireu, alimentava-se apenas de gafanhotos e mel silvestre (cf. Lucas 1.15; Mateus 3.4); entre outros.

Essas são apenas algumas, mas há várias maneiras de consagrarmos um jejum a Deus. Escolha uma e ofereça ao Senhor.

Lembre-se de que o jejum não deve ser feito com a intenção de barganhar com Deus, mas, ao sacrificar a carne, somos fortalecidas em nosso Espírito, com o intuito de sermos nitidamente direcionadas pelo Senhor.

O encher-se do Espírito

As disciplinas espirituais da leitura da Palavra, oração e jejum são práticas fundamentais para o processo de crescimento espiritual. Elas constituem a base que nos auxiliará na busca do enchimento do Espírito Santo. Sermos inundadas por essa presença poderosa muda toda a nossa existência, pois passamos a:

> **1. Reconhecer a voz de Deus (cf. Mateus 3.16,17):** Quando Jesus foi batizado por João nas águas do rio Jordão, o céu se abriu e algo sobrenatural aconteceu naquele momento: ele reconheceu a voz de Deus. A plenitude do Espírito nos leva a distinguir se quem fala conosco é mesmo o Senhor. E creia: Deus se comunica conosco por meio de

seus profetas, pastores e líderes, da sua Palavra, em nosso coração e até mesmo audivelmente.

2. Confirmar a nossa filiação (cf. Marcos 9.7): Ao aceitarmos Jesus como Senhor e **Salvador** de nossa vida, nós nos tornamos filhas de Deus, irmãs de Jesus. O Espírito Santo, ao transbordar sobre nós sua doce presença, confirma a nossa filiação espiritual, pois a comunhão e intimidade que estabelecemos com o Pai crescem e se aprofundam.

3. Ter prazer no Senhor, e ele em nós (cf. Lucas 3.22): No momento do batismo, Deus disse que tinha muita alegria com o seu filho Jesus. Quando estamos cheias do Espírito, o Pai se alegra em nós.

4. Resistir às tentações (cf. Lucas 4.1-13): Após o batismo, cheio do Espírito Santo, **Jesus** foi levado ao deserto para ser tentado e resistiu aos ataques do Diabo! Ele estava pleno do Espírito. Eu e você devemos ser cheias do Espírito, a fim de lutarmos com determinação contra as ciladas do adversário.

5. Vencer pela Palavra (cf. Lucas 4.4, 8, 12): No deserto, Jesus venceu **Satanás** pela Palavra; triunfaremos se permanecermos na Palavra de Deus. A vitória virá, como já dissemos anteriormente, quando praticarmos e meditarmos na Lei do Senhor de dia e de noite.

6. Consagrar a vida para a missão (cf. João 17.20-26): Em comunhão com o Pai, vencendo as tentações, nosso Mestre partiu para o exercício do seu ministério. No mesmo Espírito, podemos viver de forma consagrada aos pés do Senhor, com o objetivo de cumprir o nosso chamado com autoridade (cf. Lucas 10.19).

Tal qual um solo saudável que produz em abundância, que o nosso coração germine o amor, a alegria, a paz, a paciência, a bondade, a amabilidade, a fidelidade, a mansidão, o domínio próprio como resultado da obra do Espírito Santo de Deus em nós.

Frutificando

Relembre os principais episódios da sua caminhada cristã, desde a conversão até o momento atual. Enumere ao menos quatro acontecimentos marcantes da sua vida — se possível com datas — e preencha a linha do tempo:

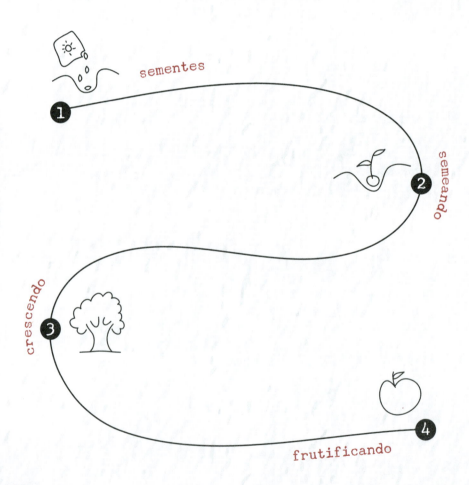

1. sementes

_____
_____
_____
_____

2. semeando

_____
_____
_____
_____

3. crescendo

_____
_____
_____
_____

4. frutificando

_____
_____
_____
_____

Agora escreva no espaço abaixo a maior mudança que você notou em si a partir da sua conversão. Relate aqui o que faz as pessoas olharem para você e pensarem: "Há algo diferente nela!".

_____
_____
_____
_____
_____
_____

"O amor é uma resposta de alguém que esteve com Jesus."

— Tatiane Joslin*

*Tatiane Joslin é pastora de crianças, mãe de um casal de filhos, mentora de mães do Projeto Maternidade com Graça. Autora do livro Criação BíbliaCompatível: vivendo uma maternidade bíblica.

Um caminho sobremodo excelente

Ah! Quando amamos e nos sentimos amadas, a vida se torna tão mais bonita e mais leve! O amor nos ajuda a construir a nossa boa autoestima, valorizando quem somos em Deus, e a enxergar as pessoas com sensibilidade, empatia e compaixão. Por isso, faz todo o sentido que a primeira característica do Fruto do Espírito seja exatamente o **amor**. Paulo assim destaca: "[...] procurai, com zelo, os melhores dons. E eu passo a mostrar-vos ainda um caminho sobremodo excelente" (1 Coríntios 12.31 – ARA).

O apóstolo nos encoraja a buscarmos os melhores dons, pois eles são essenciais para a nossa edificação pessoal e coletiva. No entanto, ele vai além dizendo que há uma jornada superior, um caminho ainda mais excelente. Esse é o versículo que antecede um texto amplamente conhecido, que está em 1 Coríntios 13, em que Paulo discorre sobre a definição de amor, suas características e o que ele não é.

Essa passagem da Carta aos Coríntios tem sido a preferida em muitas cerimônias de casamento, canções e declarações apaixonadas, afinal é uma das mais belas da Bíblia. Mas, para além de sua beleza poética, o trecho afirma que o amor **é** essencial e constitui a base para qualquer outro dom.

Ele não é um sentimento, emoção ou algo do tipo: "Hoje eu estou **sentindo** amor pelo fulano". Ele também não é perecível, não acaba. De fato, o amor bíblico suporta e sofre tudo pelo ser amado. Quem ama crê, sabe esperar e tem coragem para resistir a situações desafiadoras. O amor é a base, o alicerce de tudo; quando todas as coisas passarem, ele permanecerá. Isso é absolutamente maravilhoso e só faz aumentar a nossa fé.

> Enquanto Deus me ensinava sobre as características do Fruto do Espírito, percebi que:
>
> * A alegria é o amor celebrando.
> * A paz é o amor repousando.
> * A paciência é o amor esperando.
> * A amabilidade é o amor na prática.
> * A bondade é o amor sem interesse.
> * A fidelidade é a aliança do amor.
> * A mansidão é o amor se expressando.
> * O domínio próprio é o amor abdicando.

Todas as características do Fruto do Espírito, bem como o fundamento da nossa vida, provêm do amor. Não à toa, o apóstolo Paulo escolhe terminar o capítulo de 1 Coríntios 13 mencionando: "Assim, permanecem agora estes três: a fé, a esperança e o amor. O maior deles, porém, é o amor" (v. 13).

De fato, sem ele, nada seríamos, pois foi **por amor** que Jesus se entregou por mim e por você. As Escrituras dizem que ele nos amou de uma forma absolutamente sacrificial (cf. Efésios 5.2), a despeito das nossas imperfeições e faltas – isso é inexplicável e maravilhoso! Não éramos merecedoras, e sim pecadoras, mas Deus **é** amor; e ele providenciou a nossa reconciliação por meio de Jesus Cristo: "Porque Deus **amou** o mundo de tal maneira que deu o seu Filho unigênito, para que todo aquele que nele crê não pereça, mas tenha a vida eterna" (João 3.16 – ARA – grifo nosso).

O apóstolo João nos explica, de maneira sublime, nessa passagem – considerada o texto áureo da Bíblia – que Deus amou **o mundo**, a humanidade, as pessoas que estavam perdidas em seus próprios prazeres e achismos. Afirma que não foi uma demonstração superficial de amor; ele o fez tão completamente, que João parece ter tido dificuldades de encontrar palavras para se expressar. Ele disse "de tal maneira". É um amor imenso, que nos constrange e atrai.

Enxertadas em Cristo

> Você consegue perceber em sua rotina os pequenos indícios do amor grandioso de Deus por você?
>
> ● sim   ● não
>
> *Cite pelo menos três:*

As Escrituras nos instruem a manifestar esse mesmo amor aos que estão ao nosso redor (cf. João 15.12). E isso só será possível se estivermos ligadas, enxertadas em Cristo.

Não sei você, mas eu não sou uma jardineira profissional, por isso não conheço profundamente sobre o cultivo de flores e frutos. Embora eu tenha o maior prazer em admirar um jardim bem-cuidado ou degustar uma uva madura e suculenta, sou leiga quanto ao seu cultivo. Em razão disso, fui levada a fazer uma breve pesquisa acerca de alguns conceitos básicos que pudessem me ajudar a compreender o que a Bíblia quer dizer quando menciona a respeito de estarmos enxertadas em Cristo.

Busquei, então, a definição de enxerto,[1] que é a "operação que consiste em inserir um botão, ramo ou rebento de uma planta em outra sobre a qual ela continua a viver. (O enxerto permite a reprodução e a multiplicação das árvores ou dos arbustos florais ou frutíferos.)". No texto de Romanos 11, Paulo escreve profundamente acerca desse assunto:

---

1 ENXERTO. In: Dicio. Dicionário Online de Português. Disponível em: https://www.dicio.com.br/enxerto/. Acesso em: 30 maio 2023.

39

Se alguns ramos foram cortados, e você, sendo oliveira brava, foi enxertado entre os outros e agora participa da seiva que vem da raiz da oliveira, não se glorie contra esses ramos. Se o fizer, saiba que não é você quem sustenta a raiz, mas a raiz a você. Então você dirá: "Os ramos foram cortados, para que eu fosse enxertado". Está certo. Eles, porém, foram cortados devido à incredulidade, e você permanece pela fé. Não se orgulhe, mas tema. Pois se Deus não poupou os ramos naturais, também não poupará você. Portanto, considere a bondade e a severidade de Deus: severidade para com aqueles que caíram, mas bondade para com você, **desde que permaneça na bondade dele**. De outra forma, você também será cortado. E quanto a eles, se não continuarem na incredulidade, serão enxertados, pois Deus é capaz de enxertá-los outra vez. Afinal de contas, se você foi cortado de uma oliveira brava por natureza e, de maneira antinatural, foi enxertado numa oliveira cultivada, quanto mais serão enxertados os ramos naturais em sua própria oliveira? (vs. 17-24 – grifo nosso)

Em palavras bem simples, estar enxertada em Cristo é nos encontrarmos inseridas nele. Que extraordinário é tudo isso! Nós, que erámos de uma qualidade inferior, tornamo-nos parte da Oliveira Verdadeira, que é o Senhor! Mas, para **permanecermos** nele, é imperativo perseverarmos na bondade, no temor e na fé, sem soberba; então expressar, viver, demonstrar amor passará a fazer parte do nosso novo modo de vida:

Se vocês obedecerem aos meus mandamentos, permanecerão no meu amor, assim como tenho obedecido aos mandamentos de meu Pai e em seu amor permaneço. [...] Vocês não me escolheram, mas eu os escolhi para irem e darem fruto, fruto que permaneça, a fim de que o Pai lhes conceda o que pedirem em meu nome. (João 15.10, 16)

O Fruto será evidente na nossa vida à medida que as pessoas olharem para nós e enxergarem Cristo (cf. João 13.35). Nem Adão, nem Moisés, ninguém pôde ver a Deus face a face, mas o verdadeiro amor prova se estamos nele, e ele em nós (cf. 1 João 4.12,13), e revela ao mundo a presença divina.

Paulo, tratando sobre o amor de forma sublime, afirmou que:

O amor é paciente, o amor é bondoso. Não inveja, não se vangloria, não se orgulha. Não maltrata, não procura seus interesses, não se ira facilmente, não guarda rancor. O amor não se alegra com a injustiça, mas se alegra com a verdade. Tudo sofre, tudo crê, tudo espera, tudo suporta. (1 Coríntios 13.4-7)

Esse é o amor bíblico que o mundo precisa ver manifestado em mim e em você, a fim de que perceba que Cristo habita em nosso ser.

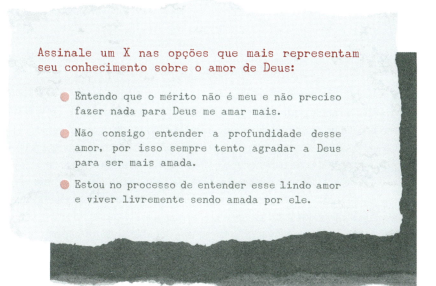

Assinale um X nas opções que mais representam seu conhecimento sobre o amor de Deus:

- Entendo que o mérito não é meu e não preciso fazer nada para Deus me amar mais.
- Não consigo entender a profundidade desse amor, por isso sempre tento agradar a Deus para ser mais amada.
- Estou no processo de entender esse lindo amor e viver livremente sendo amada por ele.

Como o verdadeiro amor é e age

Paciente

É impressionante como, nos dias em que vivemos, a impaciência tem determinado a maior parte das nossas atitudes. Quando vamos ao consultório médico, ficamos na sala de recepção batendo o pé no chão, olhando revistas velhas ou fixando os olhos no celular para não vermos o tempo passar, pois cada minuto de espera parece potencializar a nossa ansiedade.

Os nervos parecem estar tão à flor da pele atualmente, que exercer a paciência nunca foi tão necessário. Quando uma criança, por exemplo, faz algo de errado, nós já brigamos e queremos que ela acerte na próxima tentativa, sem sequer reservar um momento para ensiná-la com amor.

E o que diríamos dos *fast-foods?* A humanidade se especializou neles para não perder tempo cozinhando nem lavando a louça. Por outro lado, acabamos nos esquecendo de que preparar uma refeição para a família pode ser **um ato de amor**. O prático e rápido pode até ser eficiente, mas será que é o mais efetivo? Cozinhar, enquanto conversamos com o marido, com os filhos ou até mesmo com os amigos e irmãos não torna a comida mais saborosa?

Praticar a paciência no **cuidado com o outro, na compreensão de suas limitações e potenciais, na escuta atenta** também é uma forma de demonstrar amor; por isso não devemos deixar que a correria e os atropelos do dia a dia roubem isso de nós.

A passagem de Efésios 4 trata dos relacionamentos interpessoais e cita a paciência como uma das características necessárias ao bom convívio:

"Sejam completamente humildes e dóceis, e sejam pacientes, suportando uns aos outros **com amor**" (v. 2 – grifo nosso). Em outras palavras, não é suficiente apenas suportar, é necessário fazê-lo com amor.

Bondoso

Deus é amor e demonstra isso por meio de seus atos de bondade. Perceba como o nascer do Sol se manifesta para justos e injustos (cf. Mateus 5.45,46). Ele também se revela bom para conosco ao perdoar os nossos pecados e derramar sobre nós a sua graça (cf. Salmos 86.5; Romanos 3.24). Sua bondade está em tudo o que ele é e faz por nós: "Provem, e vejam como o Senhor é bom. Como é feliz o homem que nele se refugia!" (Salmos 34.8).

Como filhas de Deus, também devemos exercer a bondade para com todos ao redor, pois ela é fruto do amor que foi derramado em nós.

Não inveja

A inveja é um mal que está em todos os lugares. Se dermos espaço, ela invade o nosso coração e passamos a cobiçar o sucesso alheio, os bens da outra pessoa, a sua aparência física, família, casa e a posição que ocupa na empresa. Eu observo que muitas mulheres chegam a ser obcecadas pelo que outras possuem. Invejam, praticamente, tudo: querem ser e ter a vida da pessoa. Provérbios tem um recado para os invejosos: "O sentimento sadio é vida para o corpo, mas a inveja é podridão para os ossos" (14.30 – ACF).

Que terrível! A inveja é algo tão destrutivo, que adoece até o nosso corpo; por isso temos de pautar a nossa vida no amor verdadeiro, que não cobiça, mas **se alegra** com as realizações do próximo; sabe celebrar as suas conquistas e reconhecer o quanto também é abençoado por Deus.

Não se vangloria

A vida nas redes sociais parece perfeita. Vemos fotos maravilhosas e sorrisos constantes, mas não sabemos o que, na verdade, acontece do outro lado da tela. Muitos expõem o que têm – e até o que não têm – e o que se tornaram, perdendo-se em um mundo de ilusões. A ostentação tem a capacidade de nos desconectar do **sentido real** da vida, trazendo engano até em relação à **nossa** postura como mulheres cristãs. Quem se vangloria busca os holofotes para si, enquanto deveria apontar para o Senhor. Há algo que teríamos de considerar antes de procurarmos a glória para nós mesmas. E a Bíblia nos lembra disso: "Quem a si mesmo se exaltar será humilhado; e quem a si mesmo se humilhar será exaltado" (Mateus 23.12 – ARA).

Não se orgulha

Assim como a vanglória, o orgulho não traz resultados positivos, pois, mesmo diante da maior necessidade, o orgulhoso conta vantagem e se recusa a ser ajudado. Isso, porque a soberba tomou conta do seu coração. O verdadeiro amor é humilde, aceita a compaixão e o auxílio quando necessário:

> Assim diz o Senhor: "Não se glorie o sábio em sua sabedoria nem o forte em sua força nem o rico em sua riqueza, mas quem se gloriar, glorie-se nisto: em compreender-me e conhecer-me, pois eu sou o Senhor, e ajo com lealdade, com justiça e com retidão sobre a terra, pois é dessas coisas que me agrado", declara o Senhor. (Jeremias 9.23,24)

Não maltrata

A Palavra do Senhor nos adverte que chegaria o tempo em que o amor diminuiria do coração de muitos devido ao aumento da maldade (cf. Mateus 24.12-14). Todos os dias, lemos sobre a crescente violência contra os seres humanos, e até animais. Não são poucos os idosos que também têm sido abandonados à própria sorte – logo eles que, na maioria dos casos, se doaram em favor de seus filhos e familiares.

A crueldade está espalhada por todos os lugares, e os maus-tratos acontecem por meio de palavras e ações agressivas. Nós que somos de Cristo recebemos o convite para **manifestar o seu amor** e não maltratar – quer sejam os animais, as pessoas, quer seja a natureza –, e sim expressar gentileza e cuidado.

Revelar o Fruto do Espírito é respeitar, zelar pelo bem-estar, apoiar a todos com atitudes e com palavras: "Tenham cuidado para que ninguém retribua o mal com o mal, mas sejam sempre bondosos uns para com os outros e para com todos" (1 Tessalonicenses 5.15).

Não procura seus próprios interesses

Se amamos de verdade, não procuramos nossos próprios interesses, antes nos dedicamos a fazer algo em benefício do próximo, colocando-o em primeiro lugar, afinal de contas o amor é sacrificial.

Socorrer alguém em suas necessidades é o papel de quem é nascido de novo, faz parte da nova natureza que recebemos de Cristo Jesus, que nos leva a amar como ele nos amou. O verdadeiro amor é comunhão, é amizade, é família, é partilha. Não busca o que é vantajoso apenas para si, mas pensa nos outros e faz de tudo para que todos estejam bem: "Ninguém deve buscar o seu próprio bem, mas sim o dos outros" (1 Coríntios 10.24).

Não se ira facilmente

A impaciência e o orgulho têm levado as pessoas à ira e a explosões de raiva cada vez mais frequentes. Crimes têm sido cometidos por causa de uma palavra impensada, dita na hora errada, provocando uma exaltação incontrolável.

A Bíblia alerta acerca da importância de "irar e não pecar". É verdade que não temos "sangue de barata"; é possível nos alterarmos, ficarmos irritadas com algo que foi dito ou feito, contudo não podemos permitir que as consequências sejam tão extremas, que apaguem o amor: "Evite a ira e rejeite a fúria; não se irrite: isso só leva ao mal" (Salmos 37.8).

Não guarda rancor

Amar implica perdoar, abandonar o que nos feriu, magoou e seguir em frente, ainda que a memória da dor permaneça por um tempo até que sejamos totalmente curadas.

Se há algo que nós, mulheres, fazemos bem é guardar. Guardamos caixas, potes, embalagens, sacolas de presentes, anotações e acabamos fazendo o mesmo com os problemas e frustrações. Colocamos tudo em um "cesto" e, frequentemente, os retiramos de lá, mostrando ressentimento e rancor, que nos adoecem e fazem mal para a mente e o coração.

Hebreus nos convida a não nos contaminarmos com a amargura: "[...] tendo cuidado de que ninguém se prive da graça de Deus, e de que nenhuma raiz de amargura, brotando, vos perturbe, e por ela muitos se contaminem" (12.15 – ARC).

Quem ama não guarda antipatia, mágoas ou melindres, mas perdoa e segue a vida com leveza. Não significa que é fácil, mas submeta suas dores e frustrações ao Senhor, rogando a ele um coração que perdoa. Você verá como é libertador.

Não se alegra com a injustiça, mas se alegra com a verdade

Deus é plenamente justo e perfeito. Ele é reto e nele não há conivência com a iniquidade; pelo contrário: ele se regozija quando a verdade prevalece. Esse deve ser o nosso padrão (cf. João 1.14). Independentemente dos nossos "achismos", também temos de celebrar a justiça e a verdade, pois é por meio desta que o Verbo de Deus se move: "E o Verbo se fez carne, e habitou entre nós, e vimos a sua glória, como a glória do Unigênito do Pai, cheio de graça e de verdade" (João 1.14 – ARC).

Tudo sofre

O verdadeiro amor é incapaz de perceber a aflição do outro e permanecer em silêncio. Ele é empático, ou seja, identifica-se com a dor e o sofrimento. É como um remédio que cura a ferida.

O amor está nos detalhes, na preocupação com o ordinário, na particularidade dos interesses, na atenção às lacunas, na satisfação das carências. É o abraço, a ternura. E como gostamos de ser abraçadas e confortadas, não é mesmo? Jesus, ao ver as pessoas doentes e sofridas, sentia compaixão, identificando-se com elas; por isso as curava. O amor genuíno tudo sofre em favor do outro, aliviando suas cargas e trazendo descanso para a alma.

Quão doces e acolhedoras são as palavras ditas por Jesus: "Venham a mim, todos os que estão cansados e sobrecarregados, e eu lhes darei descanso. Tomem sobre vocês o meu jugo e aprendam de mim, pois sou manso e humilde de coração, e vocês encontrarão descanso para as suas almas. Pois o meu jugo é suave e o meu fardo é leve" (Mateus 11.28-30).

Que possamos aprender com o Mestre a acolher a dor e o sofrimento do nosso próximo como se fossem nossos.

Tudo crê

Crer em tudo se refere a depositar a confiança em Deus, pois o amor verdadeiro acredita na esperança, que é Jesus Cristo. É também saber que, no tempo divino, o que se espera será alcançado – se estiver alinhado à vontade do Senhor –, seja pela manifestação da graça, seja pela manifestação do Espírito Santo. "Quem crê no Filho tem a vida eterna; já quem rejeita o Filho não verá a vida, mas a ira de Deus permanece sobre ele" (João 3.36).

Tudo espera

Aquele que ama não espera receber nada em troca, nem ser amado primeiro. Não aguarda declarações – simplesmente ama. **Tudo esperar** está relacionado a Deus e à confiança que nele depositamos. Aguardamos fielmente por ele, mesmo contra as circunstâncias desfavoráveis que enfrentamos.

O salmista nos ensina por meio deste belíssimo cântico: "Esperei com paciência no Senhor, e ele se inclinou para mim, e ouviu o meu clamor" (Salmos 40.1 – ACF).

Tudo suporta

Ao ler nas Escrituras sobre o "amor que suporta", imediatamente costuma vir à nossa mente o que ouvimos por aí: "Eu não suporto o fulano!", o que nos leva a entender que tolerar o outro não está na pauta do dia de muitas pessoas.

O amor que tudo suporta significa ser coluna para quem precisa. É como uma viga forte colocada em uma construção, que serve de escora, arrimo, sustentáculo, enquanto as paredes e o teto não estão firmes o suficiente. Em outras palavras, amor que tudo suporta é força e apoio ao necessitado. O amor – Fruto do Espírito – manifesta-se em nós de maneira prática. Quem ama caminha ao lado do outro, estende a mão, alegra-se em servir e não faz do serviço uma carga pesada. O amor é a base de tudo; mas não é um atributo nosso, e sim do Espírito Santo de Deus.

Como mencionei, o amor genuíno age de maneira contrária ao que a nossa natureza egoísta está habituada. Ele é entrega, renúncia, dedicação, partilha em prol do outro. A referência na qual devemos nos pautar é sempre o amor de Deus, que se manifestou por meio da reconciliação e entrega oferecida na Cruz de Cristo. Ao conhecermos efetivamente esse amor, passamos a ser agentes dessa reconciliação, levando as pessoas a um entendimento mais profundo acerca da obra de Jesus, pois ele é a exata expressão do amor de Deus:

> E ele morreu por todos, para que os que vivem não vivam mais para si, mas para aquele que por eles morreu e ressuscitou. Assim que, daqui por diante, a ninguém conhecemos segundo a carne; e, ainda que também tenhamos conhecido Cristo segundo a carne, contudo, agora, já o não conhecemos desse modo. Assim que, se alguém está em Cristo, nova criatura é: as coisas velhas já passaram; eis que tudo se fez novo. E tudo isso provém de Deus, que nos reconciliou consigo mesmo por Jesus Cristo e nos deu o ministério da reconciliação, isto é, Deus estava em Cristo reconciliando consigo o mundo, não lhes imputando os seus pecados, e pôs em nós a palavra da reconciliação. De sorte que somos embaixadores da parte de Cristo, como se Deus por nós rogasse. Rogamos-vos, pois, da parte de Cristo que vos reconcilieis com Deus. Àquele que não conheceu pecado, o fez pecado por nós; para que, nele, fôssemos feitos justiça de Deus. (2 Coríntios 5.15-21 – ARC)

Frutificando

Com tudo o que examinamos neste capítulo, você percebeu que, para manifestarmos o Fruto do Espírito, é necessário permanecermos ligadas a Cristo? Com isso em mente, pegue uma jarra, frutas de sua preferência e açúcar — ou adoçante, se preferir. Esprema as frutas e coloque-as com o açúcar na jarra. Misture bem. O que acontece? Temos dois ingredientes envolvidos, unidos.

O que falta? Água! Então acrescente água à mistura. O que temos? Um delicioso suco que mata a sede.

Em nossa vida, a água traz alívio para a sede — ela é essencial. No âmbito espiritual, a água é símbolo do Espírito Santo de Deus — mais essencial ainda. Devemos nos encher da água do Espírito; uma vez cheias, frutificaremos permanecendo ligadas ao nosso amado Senhor Jesus.

Que tal, para terminar, oferecer esse delicioso suco gelado para a sua vizinha ou um familiar, demonstrando amor e cuidado?

Lembre-se: Quando permanecemos em Cristo, a sua vida está em nós, e isso é maravilhoso!

Com base no que você aprendeu neste capítulo, escreva um acróstico com as letras da palavra AMOR:

A _____

M _____

O _____

R _____

"A alegria focaliza além do presente, ela enxerga a salvação futura."

— Gabriela Lopes*

*Gabriela Lopes é uma pregadora de grande referência nacional, influenciadora, escritora e empresária brasileira.

Tá tranquilo e favorável, mas é alegria?

A palavra "alegria", entre tantas definições que os dicionários nos apresentam, significa uma situação favorável, um acontecimento feliz, um regozijo. Todos nós estamos à sua procura – alguns já descobriram onde encontrá-la, enquanto outros, ainda perdidos, mergulham em vivências de todas as formas e nuances na esperança de achá-la.

O conceito de alegria que o mundo oferece não contempla aquilo que as Escrituras convidam a experimentar, pois o que vem de Deus não pode ser reduzido a eventos agradáveis, tais como passar em uma prova, comprar um carro, viajar para fora do país. Não há dúvida de que tudo isso nos proporciona momentos especiais e de muito prazer; no entanto, essas situações não constituem a base da felicidade, porque são passageiras; a alegria que Deus nos propõe é eterna, independe das situações; e ela é a segunda característica do Fruto do Espírito.

Constantemente, o salmista se alegrava **no Senhor**, pois reconhecia nele a origem do seu contentamento: "O Senhor é a minha força e o meu escudo; nele o meu coração confia, e dele recebo ajuda. Meu coração exulta de alegria, e com o meu cântico lhe darei graças" (Salmos 28.7).

Temos uma orientação do apóstolo Paulo, em 1 Tessalonicenses 5.16-18, que nos ensina a orar em todo tempo, a dar graças por tudo, reconhecendo, assim, a vontade de Deus. Isso significa que todas as circunstâncias – não só as agradáveis – devem nos levar a expressar gratidão e contentamento no Altíssimo. Isso é fácil? Certamente não, mas Neemias nos lembra de que a nossa força está em nos alegrarmos no Senhor (cf. 8.10). **É nele que seremos fortalecidas para vencer no dia da angústia (cf. Provérbios 24.10).**

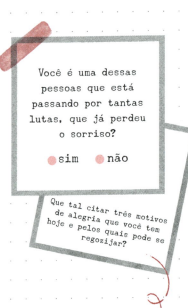

Você é uma dessas pessoas que está passando por tantas lutas, que já perdeu o sorriso?

● sim ● não

Que tal citar três motivos de alegria que você tem hoje e pelos quais pode se regozijar?

Portanto, quando acordarmos desanimadas, devemos trazer à existência a alegria que está em nossa essência, plantada pelo Espírito de Deus. Se a situação em casa, no trabalho, ou até mesmo na igreja, estiver desfavorável, ao acharmos que a nossa vida não tem mais jeito, que nada vai dar certo, que possamos nos lembrar de que já deu certo, pois a **nossa felicidade vem de uma nascente inesgotável**; não de um momento, mas de Deus.

Talvez alguém ao seu redor esteja passando por tantas lutas, que o sorriso já fugiu dos seus lábios há muito tempo. Convide-o também a não andar por aquilo que vê, mas pelo que a Palavra de Deus nos diz. Ele nos capacitou para sermos conciliadoras, promotoras da harmonia que traz paz e satisfação ao nosso coração e ao do próximo.

Ser feliz é melhor que ter razão

Você já parou para pensar que a alegria também independe de estarmos certas ou não? Sim, ela tem mais a ver com a **decisão** de vivermos da maneira que agrada a Deus do que ter razão em tudo; e, se preciso for, renunciarmos a algo em favor do outro.

É provável que você já tenha ouvido contar a respeito do casal que, atrasado para um jantar com amigos, perdeu-se no caminho. A esposa tentou dizer qual era o trajeto certo, mas o marido, convencido de que sabia, não lhe deu atenção. Muito tempo depois, ele, cansado de dar voltas, perguntou: "Qual é mesmo o caminho?". Ela disse: "Basta virar à esquerda, seguir em frente, depois à direita e estaremos lá". Ao que ele perguntou: "Por que você não insistiu e me ensinou antes?". Ela calmamente respondeu: "Estou preferindo ser feliz do que ter razão".

Desconheço a autoria da história, mas ela é bem verdadeira. Na maioria das vezes, a nossa autoconfiança e até mesmo a certeza de que sempre temos a resposta nos impedem de vivermos em paz com o outro e sermos felizes nos relacionamentos. Isso não quer dizer que teremos de abrir mão do que julgamos ser o correto; mas há situações em que ficar em silêncio é a resposta mais sábia.

Alegrem-se no senhor

A vida tem posto diante de nós muitos desafios, contribuindo para que fiquemos infelizes. Jesus, ao tratar com os discípulos a respeito das provações, disse que teríamos muitas aflições nesta Terra (cf. João 16.33). E Paulo, falando sobre esse assunto aos filipenses, disse: "Alegrem-se sempre no Senhor. Novamente direi: Alegrem-se!" (Filipenses 4.4).

Você pode até achar que era fácil para o apóstolo Paulo aconselhar acerca da alegria, mas quando escreveu ao povo da cidade de Filipos, ele estava preso. Será que eu e você

> Normalmente, na sua rotina, você prefere ganhar um argumento a qualquer custo ou não se estressar com coisas pequenas e sustentar a sua alegria?
>
> ● prefiro ter razão
> ● prefiro ser feliz

conseguiríamos nos alegrar estando em uma prisão? É quase certo que não. Sairíamos chorando, reclamando de tudo e buscando os nossos direitos!

Paulo não murmurava. Ao contrário, dava graças a Deus em todas as coisas, mesmo em meio aos seus desafios. Em Filipenses 4.12 e 13, ele diz algo como: "Eu sei lidar com os altos e baixos da vida. Isso em todas as situações. Aprendi a reagir bem quando há abundância, mas também quando há escassez. O segredo foi perceber que, independentemente do desafio, eu posso todas as coisas com a ajuda de Jesus Cristo, pois nele sou fortalecido sempre". O apóstolo podia afirmar com essa convicção porque descobriu a razão da alegria: sua força, coragem e contentamento estavam depositados em Cristo. E no versículo 13, ele acrescenta: "**Tudo posso naquele que me fortalece**".

Note bem: **tudo posso**. Nessa mesma confiança de Paulo, eu também digo que as circunstâncias e os meus problemas não vão dizer aonde vou chegar. Não são as coisas deste mundo que controlarão o meu estado de espírito ou que roubarão a minha alegria. O Senhor já me deu o que preciso para viver uma vida plena. Tudo posso em Deus, que olha para a minha fragilidade e me renova, traz à minha memória aquilo que me devolve a esperança. Eu me alegro no Senhor, pois ele é a minha força!

Qual circunstância tem tentado tirar a sua alegria hoje? Pense nela e declare em voz alta ousadamente Filipenses 4.13!

Quando sou fraca é que sou forte

Em 2018, eu estava, semelhantemente a Paulo, presa; não literalmente, mas a uma situação que só me permitia me alegrar na presença do Senhor. Naquela época, eu experimentei um dos momentos mais difíceis do meu primeiro casamento, com traições e muita desilusão. Mas eu não compartilhava essas dores com ninguém. Sendo líder de célula, em Salvador, Bahia, ministrava a Palavra e orava pela cura de muitas pessoas.

Lembro que, durante aquele tempo, não foram poucas as vezes que eu declarei sobre a vida das mulheres palavras como: "O Senhor transforma! O Senhor restaura! O Senhor faz!". Mas dentro da minha própria casa, vivia o oposto. Eu me sentia como se o Senhor fizesse por todos, menos por mim. Então orava: "Sei que não falta poder em ti, mas por que não acontece no meu lar?". Todavia o Pai, amorosamente, me dizia: "Não é porque não aconteceu na sua casa que não tenho o poder para fazer. Não é porque o seu casamento não foi restaurado que você vai se calar. É através da sua vida e ousadia que continuarei fazendo por outras pessoas. Eu sou Deus!".

Assim, na minha fraqueza, o Senhor me fez forte! E na minha debilidade, o poder de Deus se manifestou abençoando tantas vidas. É o que Paulo também vivenciou:

> Mas ele me disse: "Minha graça é suficiente para você, pois **o meu poder se aperfeiçoa na fraqueza**". Portanto, eu me gloriarei ainda mais alegremente em minhas fraquezas, para que o poder de Cristo repouse em mim. Por isso, por amor de Cristo, regozijo-me nas fraquezas, nos insultos, nas necessidades, nas perseguições, nas angústias. Pois, quando sou fraco é que sou forte. (2 Coríntios 12.9,10 – grifo nosso)

Nesses momentos de dor e sofrimento, mas também de fé e obediência, eu ouvi testemunhos de casamentos restaurados, maridos transformados, libertos de vícios, de pecados. Vi amigas, que, de tanto chorar e sofrer, perdiam peso, não dormiam, não sonhavam nem sorriam mais, voltarem a refletir o brilho do Espírito Santo. A alegria novamente caminhava de mãos dadas com elas, pois seu lar e vida foram completamente restaurados para a honra e glória do Senhor! Foi Deus quem fez, apesar de mim:

> [...] logo, já não sou eu quem vive, mas Cristo vive em mim. E esse viver que agora tenho na carne, vivo pela fé no Filho de Deus, que me amou e se entregou por mim. Não anulo a graça de Deus; pois, se a justiça é mediante a lei, segue-se que Cristo morreu em vão. (Gálatas 2.20,21 – NAA)

Olhando para as emoções

Nunca as emoções foram alvo de tanta atenção dos profissionais de saúde ao redor do planeta. A Organização Mundial da Saúde (OMS) revelou que a depressão e a ansiedade[1] aumentaram mais de 25% no início da pandemia. No sentido patológico, pessoas que sofrem de depressão podem apresentar sintomas como ansiedade, problemas para dormir, falta de apetite, além de outros sinais: baixa autoestima, pouca concentração e ausência de desejo de estar em conexão com as pessoas.

Alguns, por falta de conhecimento, consideram a depressão um estado de espírito melancólico apenas, quando, na verdade, a depressão e a ansiedade podem ter como causa muitos fatores, até mesmo um desequilíbrio hormonal, por exemplo.

Eu vivi um momento muito difícil ao ser diagnosticada com uma doença chamada distimia[2], e ela não foi identificada no meu pior momento, enquanto eu chorava e aguardava um milagre. Sofri desse mal **no melhor momento da minha vida**. Eu havia me casado com um homem de Deus e desfrutava de todas as promessas que o Senhor me fizera. Tudo deveria

---

1 Organização Panamericana de Saúde. Disponível em: https://www.paho.org/pt/noticias/17-6-2022-oms-destaca-necessidade-urgente-transformar-saude-mental-e-atencao. Acesso em: 31 maio 2023.

2 Distimia **é um transtorno psiquiátrico, popularmente conhecido como depressão de longa duração**. A doença é diferente da depressão comum, pois se caracteriza pelo mau humor constante. Os pacientes com distimia apresentam irritação constante e personalidade difícil. Disponível em: https://www.google.com/search?client=firefox-b-d&q=Distimia&bshm=ncc/1. Acesso em: 9 de maio 2023.

estar indo muito bem. Aparentemente, estava mesmo: meus filhos se encontravam saudáveis; o marido era uma bênção; eu vivenciava uma progressiva experiência no meu ministério – não apenas ministrando às pessoas próximas, mas com muitas me acompanhando nas redes sociais e depositando sobre mim muita expectativa. Exatamente nessa hora, a doença me paralisou. Eu, cristã, cheia do Espírito, vivendo uma das maiores batalhas do corpo e da mente, fui questionada por religiosos se aquilo não era falta de Deus.

Equivocadamente, ainda hoje, muitos cristãos reduzem certas doenças da alma à falta de fé ou da presença do Espírito Santo. Enquanto pensam assim, até mesmo pastores estão se suicidando e suas esposas desistindo da vida, da família, do ministério por causa de uma patologia que poderia ser tratada. Quando vamos aos hospitais e oramos por aqueles que estão atravessando um câncer, sofremos por eles, temos empatia e queremos vê-los curados, porque entendemos que é grave o que estão enfrentando. Mas, infelizmente, muitos não dão a devida importância à depressão e à ansiedade

Quanto a mim, o Senhor, com sua infinita graça, colocou em minha vida uma mulher extraordinária, que é psicóloga e professa a mesma fé que eu. Certa vez, ao me ouvir falar a respeito dos sentimentos que me cercavam, ela disse: "Alguma coisa não está certa. Pesquise sobre a distimia e procure entender o que você está atravessando". Eu, com toda a minha religiosidade, tive dificuldade de aceitar aquela hipótese diagnóstica.

A distimia, diferentemente da depressão "comum", não traz consigo o estado de tristeza profunda, porém, de forma sorrateira, tira de nós o prazer da vida. As minhas emoções haviam sido roubadas, e estava sendo privada de celebrar conquistas, de reconhecer a beleza ao redor, de me divertir e, até mesmo, de ter bons momentos em família. Era como se eu estivesse enxergando o mundo com "óculos escuros". Nada estava bom, mas também não estava ruim. Além do mau humor constante, era como se, para todas as perguntas, a resposta fosse "tanto faz". Consegue imaginar isso? Hoje eu consigo perceber mais claramente que aquela situação não era nem um pouco agradável para mim, muito menos para os que estavam ao meu redor e sofriam também.

Aquela mulher batalhou comigo não só como profissional da saúde, mas como uma grande serva de Deus, orando e me ajudando para que a revelação do Céu alcançasse a minha alma e eu pudesse reconhecer a doença e atravessá-la de mãos dadas com o Senhor.

Deus tem permitido que a Ciência avance, a fim de que males que antes pareciam não ter cura sejam sanados e possamos desfrutar de uma boa qualidade de vida. Hoje não tenho dúvidas de que é o Senhor quem capacita os profissionais da saúde – e não só eles, mas todos os que buscam a Verdade – com uma inteligência sobrenatural, dando-lhes um dom irrevogável, a fim de que estudem o Templo do Espírito Santo, que é o nosso corpo. Esses médicos e cientistas, estudando o sistema límbico, que são as estruturas do cérebro responsáveis pelas respostas emocionais, entenderam que há muitos distúrbios que trazem desequilíbrio aos sentimentos de uma pessoa, e, em muitos casos, uma suplementação de vitaminas já resolve o problema; já em outros, é necessário tratamento a longo prazo, com medicação e terapias.

O fato é que descobri que, independentemente do meu problema, no corpo ou na mente, eu precisava de ajuda médica e muita oração. Creio, de todo o meu coração, que Jesus tem poder de trazer restauração instantânea. Você pode dormir depressiva e acordar feliz de verdade. No entanto, ele também ministra cura por meio de profissionais, médicos de excelência, que cuidarão das suas emoções, permitindo que o seu corpo esteja em equilíbrio.

Demandou tempo, esforço, mas, principalmente, fé e ação, para que, finalmente, eu pudesse recuperar a minha saúde emocional. Hoje consigo viver de forma intensa e repleta de boas emoções. Voltei a produzir ainda mais frutos, a enxergar a vida colorida, a cantar e me conectar com as pessoas. Com o corpo e a mente equilibrados, ficou mais fácil permitir que Deus agisse por meio de mim.

Se você também está atravessando esse vale, e foi diagnosticada com depressão, ansiedade ou outro transtorno emocional, continue contando com o cuidado e a ajuda dos profissionais de saúde e não deixe de renovar a sua alegria na força do Senhor.

Não há no mundo ninguém que não passe por tristezas e aflições. Os dissabores, enfermidades, perdas, ansiedade e depressão podem alcançar qualquer pessoa em todo tempo e lugar, até mesmo cristãos, roubando a verdadeira alegria. E ainda que estejamos passando por temporadas de estabilidade e segurança, elas não garantem a felicidade plena, pois o contentamento, como diz Paulo, tem uma fonte: o próprio Senhor. A alegria, Fruto do Espírito, é a graça de Deus reinando em nosso coração!

Uma nota de alegria[3]

Certa vez, perguntaram ao compositor alemão Franz Joseph Haydn qual a razão de suas composições sacras serem tão alegres. Ao que ele respondeu:

— Não posso fazê-las de outro modo. Quando penso em Deus e em Sua graça manifestada em Jesus Cristo, meu coração fica tão cheio de alegria, que as notas parecem saltar e dançar da pena com que escrevo. Já que Deus me tem dado um coração alegre, deve ser-me permitido servi-lo com alegria.

[3] Autor desconhecido. Uma nota de alegria. **Site do Pastor.** Disponível em: https://sitedopastor.com.br/uma-nota-de-alegria/consulta. Acesso em: 29 maio 2023.

Frutificando

O que traz alegria à sua vida? Ver seus parentes e amigos no fim do dia? A satisfação de um trabalho bem executado? O brilho nos olhos de uma pessoa quando você a socorre na sua necessidade? Quando estamos em Deus, as situações mais simples da vida enchem o nosso coração de contentamento e gratidão.

Reserve um dia inteiro desta semana **apenas para celebrar** as bênçãos e depois encontre maneiras de compartilhar o que Deus tem feito em seu favor. Para ajudar, coloque um louvor que lhe traga alegria. Ainda que não sinta nada no primeiro momento, lembre-se de que você não deve se basear no que sente, mas **no que sabe.** A gratidão e a alegria fazem até o rosto ficar mais bonito (cf. Provérbios 15.13), e ninguém está querendo parecer feia, não é mesmo?

Separe a sexta-feira, ou outro dia da semana que seja adequado para você e sua família, e, juntos, escrevam em *post its* ou pequenos cartõezinhos os momentos da semana que encheram seu coração de alegria. Coloquem dentro de um pote e o deixe em um lugar visível da casa. No fim do mês, abram, leiam e relembrem o quanto o Senhor tem sido generoso para com a sua família. Aproveitem para celebrarem com canções ou palavras de gratidão, reconhecendo quão bom é o Senhor.

"A paz não é a ausência de problemas, mas o estado em que nos encontramos em meio a eles."

— Djessi*

*Djessica da Rocha Benfica nasceu em Botucatu e reside em São Paulo. É formada em Artes Cênicas pela Escola de Atores Wolf Maya e está cursando Marketing. Atualmente, Djessi, como é conhecida nas redes sociais, compartilha o seu amor por Jesus e como esse relacionamento constante pode mudar e melhorar a vida de quem se propõe a caminhar com ele.

O que é paz?

De modo geral, é consenso na sociedade que a paz é um estado de harmonia e tranquilidade que todos almejam. Não há dúvida de que ela é essencial para o nosso bem-estar e convívio em comunidade, permitindo que vivamos sem medo, conflitos ou violência. A partir do momento em que a paz prevalece, há espaço para o crescimento, o entendimento mútuo e a cooperação entre as pessoas.

As Nações Unidas, de acordo com o Instituto de Pesquisa Econômica Aplicada (Ipea), estipularam algumas metas, com o objetivo de que a sociedade se desenvolva de forma mais pacífica e justa. Entre elas estão[1]:

- Reduzir significativamente todas as formas de violência e as taxas de mortalidade relacionadas em todos os lugares.
- Acabar com abuso, exploração, tráfico e todas as formas de violência contra crianças.
- Promover o Estado de Direito [...] e garantir a igualdade de acesso à justiça.
- [...] reduzir significativamente os fluxos financeiros e de armas ilegais, reforçar a recuperação e devolução de recursos roubados e combater todas as formas de crime organizado.
- Reduzir substancialmente a corrupção e o suborno em todas as suas formas.
- Desenvolver instituições eficazes, responsáveis e transparentes em todos os níveis.

---

1 Ipea. Objetivos de Desenvolvimento Sustentável. Disponível em: https://www.ipea.gov.br/ods/ods16.html. Acesso em: 5 maio 2023.

- Garantir a tomada de decisão responsável, inclusiva, participativa e representativa em todos os níveis.
- Assegurar o acesso à informação e proteger as liberdades fundamentais.
- Promover e fazer cumprir leis e políticas não discriminatórias e afirmativas.

São metas ousadas, que merecem o nosso esforço e aprovação no sentido de estabelecer a harmonia coletiva; no entanto, sem Jesus, os povos não conseguem usufruir da paz na sua integralidade.

Para o cristão, paz[2] é o estado tranquilo de uma alma que tem a certeza da sua salvação por meio de Cristo. Veja que afirmação poderosa! Vou repetir: **Paz é o estado tranquilo de uma alma que tem a certeza da sua salvação por meio de Cristo**.

Jesus, depois de curar, enviava as pessoas saradas e restauradas **em paz**. Um exemplo foi o que fez com a mulher do fluxo de sangue: "Então ele lhe disse: 'Filha, a sua fé a curou! Vá em paz e fique livre do seu sofrimento'" (Marcos 5.34). Aleluia! Jesus, além de curar, presenteia-nos com a paz, que é uma das características do Fruto do Espírito e um de seus atributos, pois ele é "o Príncipe da Paz". Ao anunciar a sua ida para o Céu, falando aos seus discípulos, disse: "Deixo-vos a paz, **a minha paz vos dou**; não vo-la dou como o mundo a dá. Não se turbe o vosso coração, nem se atemorize" (João 14.27 – ARC - grifo nosso).

2 PAZ. In: Dicionário Strong. Disponível em: https://dosenhor.com/?strong=g1515. Acesso em: 15 jun. 2023.

O que melhor simboliza a paz?

Na cultura judaico-cristã, a paz é representada por uma pomba branca, e sua origem está na Bíblia (cf. Gênesis 8.8,9; 2 Reis 6.25, entre outros textos). Mas ela se tornou o símbolo secular e universal da paz em 1949 após a Segunda Guerra Mundial. Foi o grande pintor Pablo Picasso[3] quem popularizou o simbolismo ao pintar algumas telas sobre o tema.

Após o dilúvio, Noé enviou, primeiramente, um corvo para ver se as águas haviam baixado. A ave fez um sobrevoo sem encontrar onde pousar. Em seguida, mandou uma pomba, que, não achando lugar, voltou para a arca. Alguns dias depois, ela retornou para a missão e, finalmente, trouxe para Noé um ramo de oliveira no bico[4]. Daí o simbolismo representando a paz entre Deus e os homens.

Nos evangelhos, também existem citações a esse respeito, e a mais ilustre delas aconteceu no batismo de Jesus, quando o Espírito Santo desceu em forma corpórea de pomba sobre o Senhor. Por essa razão, ela tem sido associada ao Espírito Santo: "E, sendo Jesus batizado, saiu logo da água,

---

3 Pablo Ruiz Picasso foi um pintor espanhol, escultor, ceramista, cenógrafo, poeta e dramaturgo que passou a maior parte da sua vida na França. [N.E.]

4 "A folha de oliveira usada pela pomba sugere a duração de tempo necessária para que as folhas dessa árvore brotassem, após ter ficado submersa – uma indicação da profundidade das águas no dilúvio. [...] Também é um símbolo da nova vida e da fertilidade que viriam após o dilúvio." Fonte: WALTON, John H. et al. **Comentário Histórico-Cultural da Bíblia**. Antigo Testamento. Trad. Noemi Silva. São Paulo: Vida Nova, 2018. [N.E.]

e eis que se lhe abriram os céus, e viu o Espírito de Deus descendo como pomba e vindo sobre ele" (Mateus 3.16 – ARC).

Paz em todo tempo e lugar[5]

Foi realizado um concurso de pintura com o objetivo de atribuir o primeiro lugar para o quadro que melhor representasse a paz. Entre muitos, três finalistas ficaram empatados.

O <u>primeiro</u> retratava uma imensa pastagem com lindas flores e borboletas que navegavam acariciadas por uma brisa suave. O <u>segundo</u>, pássaros a voar sob nuvens brancas como a neve em meio ao azul-anil do céu. Mas, para surpresa, o escolhido foi o <u>terceiro</u>, que mostrava... um grande rochedo sendo açoitado pela violência das ondas do mar em meio a uma tempestade estrondosa e cheia de relâmpagos.

Indignado, os pintores não escolhidos questionaram a comissão que desempatou:

— Como este quadro tão violento pode representar a paz?

E o juiz mais velho, com uma grande serenidade no olhar, disse:

— Você reparou que, em meio à violência das ondas e à tempestade, havia, numa das fendas do rochedo, um passarinho com seus filhotes dormindo tranquilamente?

E os pintores, sem entender, responderam:

— Sim, mas...

---

[5] Biblioteca do Pregador. Disponível em: https://bibliotecadopregador.com.br/ilustracao-a-verdadeira-paz/. Acesso em: 5 jun. 2023.

Qual situação tem tentado roubar a sua paz hoje?

Como vimos no capítulo anterior, Jesus disse que no mundo teríamos aflições (cf. João 16.33), ou seja, nem sempre as coisas serão fáceis para nós, porém devemos permanecer firmes e serenos, pois o nosso Senhor venceu, e nós também venceremos. Muitas vezes, o mundo nos dá uma "amostra grátis" de tranquilidade, parece algo muito bom, mas é pouco, é passageiro.

A paz verdadeira nos possibilita um estado de espírito equilibrado mesmo nos momentos mais difíceis da vida, pois transcende as circunstâncias, indo além das meras ausências de conflito. É um sossego interior que preenche o coração e a mente, trazendo serenidade diante das adversidades. Como característica do Fruto do Espírito, ela só é produzida na confiança e na entrega ao Senhor, reconhecendo a sua soberania e amor incondicional. Essa confiança não pode ser encontrada no mundo, mas é um presente divino para aqueles que colocam sua fé e confiança no Senhor: "E a **paz de Deus**, que excede todo o entendimento, guardará os vossos corações e os vossos sentimentos em Cristo Jesus" (Filipenses 4.7 – ARC).

Se o seu dia está um pouco turbulento, se há algo tentando tirá-la do eixo, busque a verdadeira paz: "Não andem ansiosos por coisa alguma, mas em tudo, pela oração e súplicas, e com ação de graças, apresentem seus pedidos a Deus. E a **paz de Deus**, que excede todo o entendimento, guardará o coração e a mente de vocês em Cristo Jesus" (Filipenses 4.6-7 – grifo nosso).

Maneiras de enxergarmos a paz

Vamos tratar agora sobre duas maneiras de enxergarmos a paz: paz **com** Deus e a paz **de** Deus.

Paz com Deus

Quando Adão pecou, o mal entrou na humanidade e nos separou do Eterno. Desde aquele momento, fomos chamados de inimigos de Deus; o nosso espírito não estava mais ligado ao Espírito do Pai, portanto a harmonia entre Deus e o Homem foi perdida.

Antes que Jesus viesse à Terra como Filho de Deus, as pessoas faziam ofertas para que seus pecados fossem perdoados e reencontrassem a paz. Os sacerdotes ofereciam sacrifícios – de cordeiro, novilho, pombos, animais que não tivessem nenhuma mancha ou defeito –, a fim de que o sangue derramado trouxesse a reconciliação perdida.

Jesus, então, cumprindo a missão estabelecida desde o momento em que Adão pecou, promoveu a redenção da humanidade. Ele era o verdadeiro "Cordeiro de Deus que tira o pecado do mundo" (cf. João 1.29), pois nele não havia defeito, mancha, mácula nem pecado algum. Assim tinha de ser, com o propósito de que o plano perfeito de Deus fosse estabelecido.

Ao aceitar o seu sacrifício, reconhecemos que não são os nossos méritos, ou qualquer coisa que façamos, mas o único agente de reconciliação é Cristo Jesus. Portanto, se você o aceitou como Senhor e Salvador da sua vida, esteja certa de que pode desfrutar da **paz com Deus**.

Paz de Deus

Eu não nasci em um lar cristão; converti-me aos dezenove anos. Até essa idade, procurava a paz, acreditando que a encontraria em ambientes, coisas ou pessoas. Eu pensava: "Agora, estou triste na minha casa, mas, quando chegar àquele lugar, vou sentir paz e estarei tomada por uma atmosfera de tranquilidade". No entanto, era pura ilusão; tudo era superficial. Quando eu saía do cenário em que **supostamente** encontraria a paz, estava mais vazia que antes. A sensação de tranquilidade se esvaía, e eu me sentia novamente sozinha, entristecida e até atribulada.

> Você está em paz com Deus?
> ● sim   ● não

Vou explicar por que isso acontecia comigo. Porque o mundo oferece uma falsa sensação de calma, que está relacionada às obras da carne, não ao Fruto do Espírito. A paz que não provém de Deus acaba quando colocamos a cabeça no travesseiro e acordamos no outro dia, arrependidas e desesperadas com tudo o que fizemos ou aconteceu.

Já a **paz de Deus** é diferente. Não temos de chegar a lugar algum para senti-la, pois ela está em nós. A oração é uma ótima oportunidade de desfrutá-la. Quando você abre o seu "lugar secreto" e deixa aos pés do Senhor as suas preocupações, é tomada por uma paz que excede todo o entendimento, e ela permanece onde quer que você esteja. As pessoas que se aproximam, olham e ficam perplexas: "Conheço a sua história e sei que você enfrenta muitas dificuldades, mas eu vejo paz em sua vida".

A verdade é que a quietude de uma alma inundada pelo Espírito Santo não está isenta de obstáculos, quebra-molas ou mudanças de rota; é exatamente em circunstâncias desafiadoras que ela se manifesta, fazendo-nos lembrar de **quem** está no controle da nossa alma. Essa paz está palpável e disponível – não se perde com o passar do tempo.

Quando conheci meu marido, havia tantos empecilhos em nosso relacionamento, situações externas, que, aos olhos do mundo, parecia que não íamos dar certo. Éramos duas pessoas com experiências anteriores difíceis: cada um tinha dois filhos, morando em cidades diferentes, vivendo condições de vida bem distintas.

Entretanto, havia a **paz de Deus**. E ela era o árbitro do nosso coração dizendo: "Eu estou com vocês! E onde estou, a harmonia e a possibilidade

Você sente a paz de Deus na sua vida hoje?

● sim ● não

estão presentes. Não tenham medo de deixar sua família, sua terra, sua parentela, a casa que construíram. Não se preocupem de chegarem a um ambiente de pessoas desconhecidas, pois vocês viverão na minha dependência. Não fiquem presos às suas histórias passadas e às bagagens que trouxeram consigo, porque, quando **eu** entro, tudo se faz novo".

Ah, como Deus é maravilhoso! Eu me emociono sempre que me lembro de como ele transformou o caos da nossa vida em um mar de tranquilidade. Não pela ausência das ondas tempestuosas, mas pela certeza da sua presença no barco. Portanto, mantenha os seus olhos fixos em Cristo, pois **aquele que prometeu é fiel para cumprir**. É ele quem dá a direção, a provisão, o projeto, aquele que nos sustenta, que diz "vai", aquele que suaviza o chão quando o mundo puxa o tapete. A nós cabe confiar, acreditar e seguir a direção da Palavra.

Paz em meio à tempestade

Jesus ofereceu aos discípulos uma oportunidade extraordinária de exercitarem a fé e desfrutarem da paz em meio ao caos:

> Logo em seguida, Jesus insistiu com os discípulos para que entrassem no barco e fossem adiante dele para o outro lado, enquanto ele despedia a multidão. Tendo despedido a multidão, subiu sozinho a um

> monte para orar. Ao anoitecer, ele estava ali sozinho, mas o barco já estava a considerável distância da terra, fustigado pelas ondas, porque o vento soprava contra ele. Alta madrugada, Jesus dirigiu-se a eles, andando sobre o mar. Quando o viram andando sobre o mar, ficaram aterrorizados e disseram: "É um fantasma!" E gritaram de medo. Mas Jesus imediatamente lhes disse: "Coragem! Sou eu. Não tenham medo!" "Senhor", disse Pedro, "se és tu, manda-me ir ao teu encontro por sobre as águas". "Venha", respondeu ele. Então Pedro saiu do barco, andou sobre as águas e foi na direção de Jesus. (Mateus 14.22-29)

Era noite. Os discípulos estavam no meio de uma tempestade. Então Jesus aparece andando sobre as águas. O texto deixa claro que eles pensavam que havia um fantasma naquelas águas turbulentas. O Mestre agia contra as probabilidades, contra as leis da física. Mas Pedro, ao ouvi-lo dizer que não se tratava de uma visão sobrenatural, ousadamente, suplica: "Se és tu..." – o **se** indicava uma leve dúvida, mas Pedro não parou naquela condição, ele fez um pedido – "... manda-me ir ao teu encontro por sobre as águas". Pedro então, vencendo o medo, dirige-se a Jesus; ele não estava alheio à tempestade, pois as ondas fustigavam o barco, o vento estava fortíssimo. No entanto, ainda assim ele foi.

Ter paz é viver o extraordinário com Deus. A vida pode estar revolta, mas a partir do momento em que Jesus, que é a solução, aparece, a calmaria chega. É comum, quando estamos passando pelas turbulências da nossa existência, olharmos para Jesus, que está vindo em nossa direção, e pensar que é um fantasma. Você pode estar observando através da tormenta que desabou e dizer: "Ah, não! Vai ficar ainda pior! Está vindo um fantasma ali. Misericórdia! Já não bastava a tempestade? Agora, um fantasma!". Cuidado! O socorro de Deus pode estar chegando, e você, enxergando uma assombração. Clame ao Senhor, e o Espírito Santo que habita em seu coração trará o discernimento, a revelação de que é Jesus a verdadeira paz em meio à tempestade:

> [...] não deixo de dar graças por vocês, mencionando-os em minhas orações. Peço que o Deus de nosso Senhor Jesus Cristo, o glorioso Pai, lhes dê espírito de sabedoria e de revelação, no pleno conhecimento dele. Oro também para que os olhos do coração de vocês sejam iluminados, a fim de que vocês conheçam a esperança para a qual ele os chamou, as riquezas da gloriosa herança dele nos santos. (Efésios 1.16-18)

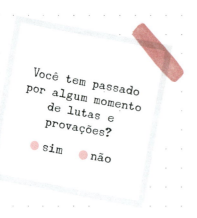

Você tem passado por algum momento de lutas e provações?

• sim   • não

Deus a está chamando para viver situações inimagináveis e experimentar realidades que muitos não vivenciaram por causa do medo. Por olharem as circunstâncias, desistiram, desanimaram, ou nem mesmo tentaram. Você pode argumentar: "Mas, no decorrer da história, andando sobre as águas, Pedro afundou". Sim. É verdade. Ele afundou quando tirou os olhos de quem poderia resolver o problema e os colocou novamente na tempestade, no entanto ele foi o único entre todos os discípulos que viveu o sobrenatural de Deus naquela noite.

Neste momento, ore a Deus pedindo por discernimento sobre como enxergar essa situação. Clame por clareza e entendimento, a fim de ver o Senhor, e não a dificuldade. Você não está passando pela tribulação sozinha, Jesus está com você!

Agentes da paz

Além de nos oferecer a paz, Cristo nos convida a sermos seus agentes nessa tarefa. No Sermão do Monte, há a garantia de que aquele que promove a paz será feliz e terá a sua filiação em Deus reconhecida: "Bem-aventurados os pacificadores, pois serão chamados filhos de Deus" (Mateus 5.9). Que grande privilégio!

Você tem espalhado a paz de Deus por onde anda? Ela é o árbitro, o juiz em nosso coração para levarmos a esperança, a sabedoria, a gratidão entre as pessoas.

Seja a paz de Cristo o árbitro em vosso coração, à qual, também, fostes chamados em um só corpo; e sede agradecidos. Habite, ricamente, em vós a palavra de Cristo; instruí-vos e aconselhai-vos mutuamente em toda a sabedoria, louvando a Deus, com salmos, e hinos, e cânticos espirituais, com gratidão, em vosso coração. E tudo o que fizerdes, seja em palavra, seja em ação, fazei-o em nome do Senhor Jesus, dando por ele graças a Deus Pai. (Colossenses 3.15-17 – ARA)

Promover a paz é um chamado e parte natural de quem somos em Deus. É a pura manifestação da obra do Espírito Santo agindo por nosso intermédio.

Frutificando

Provavelmente, alguma vez na vida, você já brincou de "morto-vivo". Quando quem está liderando a brincadeira diz "morto", você se abaixa; e quando diz "vivo", você se levanta. Vamos mudar um pouquinho a brincadeira, aproveitando a ajuda de uma pessoa da família para refletirmos. Faça assim: alguém se coloca próximo ao interruptor da luz do local onde você está; quando a luz estiver acesa, permaneça de pé e diga bem alto: "Tenho a paz de Deus". Ao apagar a luz, bem baixinho, em tom de súplica, diga: "Quero a paz de Deus". Se for possível, chame todos da família para essa dinâmica, mas use-a para refletirem sobre a necessidade de termos a paz de Deus em nós.

"Todos os dias, somos convidadas a parar e a desistir, mas a paciência é uma chave poderosa para viver o extraordinário de Deus."

— Nani Alencar*

*Escritora, Bacharel em Direito, casada com o Pastor Jabes de Alencar. Idealizadora dos projetos *Quarto de guerra* e *Caminhando com as amigas*, que abençoam diariamente centenas de mulheres por todo o Brasil.

Paciente, eu?

Você se considera uma mulher paciente? Tem a calma e a tranquilidade como virtudes na sua vida? Possui a capacidade de esperar suportando as contrariedades, incômodos e dificuldades com resignação? Ou você desiste facilmente quando a situação está demorando para se resolver? Paciência[1] é tudo isso e mais um pouco, como veremos neste capítulo.

O quarto gomo da nossa mexerica, ou seja, a quarta característica do Fruto do Espírito é a paciência. Pelo que observo, dos nove atributos, esse é o que mais pessoas admitem precisar desenvolver. Buscar a paciência, seguramente, não é uma tarefa fácil e pode trazer angústia para muitas de nós, pois vivemos na época da "geração *fast-food*"[2]; melhor dizendo, neste tempo, as pessoas em geral vivem ansiosas, querendo tudo pronto o mais rapidamente possível, necessitando das coisas para "ontem", sofrendo e logo abandonando o projeto se algo não acontecer na hora e do jeito que se espera; o que é bem diferente da paciência, que tem como um de seus sinônimos a "perseverança para não desistir de algo"[3].

---

1 PACIÊNCIA. Dicionário Michaelis. Disponível em: https://michaelis.uol.com.br/moderno-portugues/busca/portugues-brasileiro/paci%C3%AAncia%20/. Acesso em: 6 jun. 2023.

2 A expressão "geração *fast-food*" é frequentemente utilizada para descrever os jovens que cresceram durante a era da comida rápida e da cultura de conveniência. Essa geração é caracterizada pela tendência de buscar gratificação instantânea, impaciência e expectativas de resultados imediatos. [N.E.]

3 PACIÊNCIA. Dicionário de Sinônimos. Disponível em: https://www.sinonimos.com.br/paciencia/. Acesso em: 7 jun. 2023.

Paciência confiante

A Bíblia relata muitas histórias de longa espera por algo que era necessário e muito desejado, e seus personagens tiveram de aprender a aguardar o período estabelecido por Deus para que acontecesse.

José do Egito

Por volta dos dezessete anos, José, um dos filhos mais novos de Jacó, teve dois sonhos que provocaram a ira de seus irmãos, e, a partir daí, planejaram matá-lo. Na primeira oportunidade, eles o colocaram em um poço fundo e sem água, para que morresse, mas acabaram vendendo o irmão como escravo.

Certamente, José enfrentou dias de caminhada a pé até chegar a Tebas, capital do Egito, e horas de exposição pública na praça onde os escravos eram vendidos. Foram também anos de muito trabalho e persistência na casa de Potifar, comandante no exército do faraó. Depois, ele foi parar na prisão. Transcorridos treze anos, José chega exatamente ao lugar sonhado e preparado por Deus para ele.

Naquele momento, diante de seus irmãos que o venderam e que agora dependiam dele, José trouxe uma lição de acolhimento, perdão e entendimento dos propósitos de Deus: "'Vocês planejaram o mal contra mim, mas Deus o tornou em bem, para que hoje fosse preservada a vida de muitos. Por isso, não tenham medo. Eu sustentarei vocês e seus filhos'. E assim os tranquilizou e lhes falou amavelmente" (Gênesis 50.20,21).

Foi uma longa espera, mas necessária para o trabalhar de Deus na vida de José, que amadureceu, aprendeu um novo idioma, tornou-se um administrador por excelência e o instrumento do Senhor para poupar a vida de milhares de pessoas.

A mulher hemorrágica

Mateus relata a história de uma mulher que vinha amargando uma doença havia muitos anos:

> Nisso uma mulher que havia doze anos vinha sofrendo de uma hemorragia, chegou por trás dele e tocou na borda do seu manto, pois dizia a si mesma: "Se eu tão somente tocar em seu manto, ficarei curada". Voltando-se, Jesus a viu e disse: "Ânimo, filha, a sua fé a curou!" E desde aquele instante a mulher ficou curada. (Mateus 9.20-22)

Doze anos é uma longa duração para uma enfermidade! E, pior ainda, aquela mulher estava perdendo sangue, que é vida. Provavelmente, encontrava-se anêmica, cansada, sentindo-se exaurida de suas forças; além de, culturalmente, ser considerada imunda, não podendo permanecer junto aos seus familiares. Ela ouviu falar de Jesus e decidiu tocar na barra de sua roupa. Jesus, à vista disso, elogiou a fé daquela mulher, dizendo-lhe que sua perseverança e confiança haviam trazido a cura.

A mulher encurvada

Correntes demoníacas aprisionaram uma mulher durante dezoito anos. Você consegue imaginar isso?

> E eis que estava ali uma mulher que tinha um espírito de enfermidade, havia já dezoito anos; e andava curvada, e não podia de modo algum endireitar-se. E, vendo-a Jesus, chamou-a a si, e disse-lhe: Mulher, estás livre da tua enfermidade. E pôs as mãos sobre ela, e logo se endireitou, e glorificava a Deus. (Lucas 13.11-13 – ACF)

Ela andava encurvada, olhando para o chão, envergonhada, sentindo fortes dores. Quando Jesus a viu, ele **a amou** e a chamou para si, colocando suas mãos sobre ela, sarando-a imediatamente. Ela se endireitou e passou a glorificar a Deus. O sofrimento acabara. A espera havia terminado. O Senhor chegou!

Inúmeros homens e mulheres da Bíblia precisaram exercer a paciência para alcançar suas promessas. Você percebe em sua vida hoje as áreas que necessitam ser aperfeiçoadas na paciência, a fim de desfrutar das bênçãos que a aguardam?

O paralítico no tanque de Betesda

Temos aqui mais um exemplo de paciência confiante. Trata-se da história de um homem que, durante trinta e oito anos, sofreu de paralisia, dependendo da ajuda emocional e física de outras pessoas:

> Quando o viu deitado e soube que ele vivia naquele estado durante tanto tempo, Jesus lhe perguntou: "Você quer ser curado?" Disse o paralítico: "Senhor, não tenho ninguém que me ajude a entrar no tanque quando a água é agitada. Enquanto estou tentando entrar, outro chega antes de mim". Então Jesus lhe disse: "Levante-se! Pegue a sua maca e ande". Imediatamente o homem ficou curado, pegou a maca e começou a andar. (João 5.6-9)

Com a chegada de Jesus, a espera acabou; porque, quando ele vem, faz o que ninguém pode fazer. Vale a pena esperar o tempo de Deus!

O rei Davi

O belíssimo salmo 40 é uma composição de Davi que expressa a sua paciente confiança na providência e socorro de Deus quando ele passava por lugares horríveis e situações desconfortáveis. Ele louva ao Senhor com gratidão, reconhecendo a bondade de Deus e seu poderoso auxílio em momentos de aflição:

Esperei com paciência no Senhor, e ele se inclinou para mim, e ouviu o meu clamor. Tirou-me de um lago horrível, de um charco de lodo; pôs os meus pés sobre uma rocha, firmou os meus passos; e pôs um novo cântico na minha boca, um hino ao nosso Deus; muitos o verão, e temerão, e confiarão no Senhor. (Salmos 40.1-3 – ARC)

O Senhor não o desapontou, mas o livrou e pôs um cântico de adoração em seus lábios.

O resultado da paciência

Somos amigos de um casal que lidera um ministério extraordinário, chamado "Escolhi Esperar". Certa vez, meu marido fez um questionamento: "Nelson! Por que 'Escolhi Esperar'? Parece que esse nome traz um desânimo no jovem, que não está querendo mais prorrogar nenhuma situação. Só de falar esperar, a pessoa fica desesperada".

Então ele nos contou que criou um novo ministério chamado "Escolhi Encontrar", exatamente para este tempo, em que as pessoas querem encontrar, mas não esperar; buscam o fruto, mas não aguardam o processo; desejam ver a ponta do *iceberg*, mas não sondar o que está escondido na profundidade das águas. Ainda não entenderam que o Senhor não nos dá uma coisa ou outra. O Fruto do Espírito não é amor ou paz, alegria ou paciência; é um fruto completo.

A geração do mundo pode ser *fast-food*, mas nós devemos ser a geração que espera pacientemente no Senhor. Não importa o quanto estejamos ansiosas ou impacientes, o dia não terá mais ou menos horas porque precisamos de mais tempo. As estações não vão durar mais ou menos simplesmente porque não queremos aguardar o processo natural da vida acontecer.

Tenho certeza de que, quando criança, você já tentou comer uma fruta ainda verde. Crianças fazem isso. E qual foi o sabor? Azedo, não é mesmo? Sendo assim, restam duas opções: jogar fora ou comer com esforço. Assim como as frutas precisam de tempo e passam por diferentes estações para amadurecer e alcançar sua doçura, nossa vida também segue um processo semelhante com Deus. Cada fase que atravessamos é como uma estação, trazendo consigo experiências únicas e oportunidades de sermos forjadas pelo Senhor.

Às vezes, pode ser tentador apressar o amadurecimento de certos aspectos de nossa vida, da mesma forma como queremos colher frutas antes do prazo, deixando nódoas nas mãos e um gosto amargo na boca. No entanto, é importante lembrar que os processos de Deus não podem ser forçados. Precisamos permitir que o Senhor faça seu trabalho na duração que ele estabeleceu. Enquanto isso, vamos apreciando cada fase, mesmo que às vezes pareçam desafiadoras. O resultado da paciência é colher o fruto no tempo certo e experimentar o extraordinário de Deus. Essa reflexão nos leva ao que Eclesiastes explica muito bem:

> Para tudo há uma ocasião certa; há um tempo certo para cada propósito debaixo do céu: Tempo de nascer e tempo de morrer, tempo de plantar e tempo de arrancar o que se plantou, tempo de matar e tempo de curar, tempo de derrubar e tempo de construir, tempo de chorar e tempo de rir, tempo de prantear e tempo de dançar, tempo de espalhar pedras e tempo de ajuntá-las, tempo de abraçar e tempo de se conter, tempo de procurar e tempo de desistir, tempo de guardar e tempo de jogar fora, tempo de rasgar e tempo de costurar, tempo de calar e tempo de falar, tempo de amar e tempo de odiar, tempo de lutar e tempo de viver em paz. (3.1-8)

A minha espera

Quero testemunhar sobre algo que tenho vivido recentemente e tem forjado o meu caráter na busca por paciência. Logo que eu me casei com o Guilherme, o meu coração estava fechado para ter mais um filho, e o dele não. Eu dizia para o meu marido: "Não vou começar tudo de novo, meu amor. Nossos filhos já estão crescidos e, praticamente, criados. São bênçãos de Deus em nossa vida! Durante esses anos, conseguimos priorizá-los, pois dependiam muito de nós; agora vamos começar tudo de novo? Já são tantos meninos, que, aonde vamos, acontece uma aglomeração. Estamos levando muito a sério a ordem de povoar a Terra, que já está bem cheinha. Há muitas famílias que ainda não começaram; vamos deixar para elas a alegria de ter filhos".

Estávamos nesse dilema já havia alguns meses, quando encontramos um grande amigo, que nos aconselhou a entrar num consenso, considerando os desafios de ter mais um filho.

Nosso amigo foi sábio ao nos orientar. Então, conversamos, ponderamos, analisamos os prós e contras, e adivinhe?! Não chegamos a nenhuma conclusão. Havia argumentos bons e ruins dos dois lados. No dia seguinte a essa conversa, estávamos numa conferência, e um grande profeta do Senhor, no meio da sua mensagem, olhou para nós e disse: "Vocês dois, eu vejo no colo de vocês um bebê, e ele será o Filho da Felicidade".

Naquele momento, eu só conseguia chorar e me constranger: "Senhor, como pude tentar entrar em consenso com o meu marido, e não contigo? De que maneira fui buscar um acordo para algo que é o Senhor quem determina? Quer nos dar mais uma herança? Mais alegria e felicidade?".

Foi como se o meu coração tivesse amolecido, virado uma gelatina. Então disse: "Eu quero mais um filho agora. Amor, pelo amor de Deus, vamos para o hotel providenciar esse Filho da Felicidade!".

No entanto, eu me lembrei de que ainda usava o dispositivo intrauterino (DIU) e precisava retirá-lo, o que marquei para o mesmo mês. Mas no dia da retirada, não deu certo; então marcamos para o mês seguinte. Com tudo resolvido e agora sem nenhum método contraceptivo, não aconteceu o que esperávamos. No próximo mês, também não.

Quando eu recebi a promessa, mesmo não tendo planos para ela, comecei a sensibilizar o coração e a ficar apressada, ansiosa, com um sentimento de urgência. Na verdade, eu não buscava o plano de Deus na hora dele; desejava no meu tempo. Eu pensei que, ao tomar posse da promessa, teria o meu Filho da Felicidade nove meses depois.

Mas não foi assim. Passou-se quase um ano desde o momento da retirada do DIU até a concepção. Durante esse processo, muitas foram as vezes em que a minha alma se abateu com os resultados negativos.

A maior frustração foi no mês de março, enquanto fazíamos uma viagem missionária pela Europa, com uma série de pregações em dezessete países. Naqueles dias, meu marido comemoraria trinta e três anos em uma cidade que amamos: Bruxelas. Por isso, idealizei o cenário perfeito para presenteá-lo com o resultado positivo – o nosso tão sonhado filho! Propus em meu coração que só faria o teste naquele dia e que, sendo favorável, organizaria essa grande surpresa com toda a equipe de mídia para que a entregássemos para ele durante o culto. Acontece que, ao acordar pela manhã, colocar pé por pé no chão, ir até o banheiro e fazer o teste, o resultado veio como um balde de água fria: **negativo**. Que grande decepção.

Realmente, o tempo de Deus não é o nosso. Esse entendimento levou um tempo para chegar às minhas emoções; e, em meio a essa grande tristeza, o Senhor foi trabalhando em meu coração algo muito precioso: preocupada ou não, decepcionada ou não, as coisas somente aconteceriam na época de Deus! Então, naquele dia, decidi "deixar acontecer no tempo de Deus". Não faria mais testes, nem de gravidez nem de ovulação, não criaria expectativa, não acompanharia o período fértil, apenas confiaria que, no momento certo, viria e seria como Jeremias, que, desde o ventre de sua mãe, já tinha a promessa de ser um profeta para as nações:

> Assim veio a mim a palavra do Senhor, dizendo: Antes que te formasse no ventre te conheci, e antes que saísses da madre, te santifiquei; às nações te dei por profeta. Então disse eu: Ah, Senhor Deus! Eis que não sei falar; porque ainda sou um menino. Mas o Senhor me disse: Não digas: Eu sou um menino; porque a todos a quem eu te enviar, irás; e tudo quanto te mandar, falarás. (Jeremias 1.4-7 – ACF)

Foi assim que, três meses depois, com a minha menstruação atrasada e um grande lançamento que me exigia muita dedicação, compartilhei com uma amiga o que estava acontecendo, e ela logo me incentivou a realizar o teste. Decidi fazer, mas as minhas expectativas estavam no

Senhor, não nos sintomas que eu sentia; se tivesse de ser, amém, mas não mais me frustraria.

Naquele dia agitado, mas com a calmaria na alma, submeti-me ao exame e então pude perceber a sombra de uma segunda linha ganhando contraste. Preciso admitir que o meu coração gelou e eu não conseguia fazer mais nada, além de rir e agradecer ao Senhor!

Hoje estou gerando em meu ventre o nosso Filho da Felicidade! Não foi fácil aguardar. Foram muitos resultados negativos, testes de gravidez frustrados e lágrimas, muitas lágrimas. Sofri sintomas psicológicos que me faziam achar, todos os meses, que estava grávida. No entanto, ao descansar, o Senhor pôde agir para realizar o milagre. O meu Filho da Felicidade está chegando no momento preparado por Deus, e hoje estamos saltando de muita alegria e gratidão! Só Deus conhece o meu coração e sabe o quanto me alegro nele.

Antes de engravidar, olhei, inúmeras vezes, para a história de Sara e Abraão, quando ela, com pressa de ver a descendência do marido, sugeriu que ele dormisse com sua serva, Hagar. Eu dizia: "Que falta de sabedoria! Como uma mulher é capaz de fazer isso? Colocar outra pessoa para dormir com o seu marido? Ela tinha uma promessa, por que está passando na frente do Senhor?".

Em uma situação semelhante à de Sara, tendo uma promessa e esperando no Senhor, pude entender um pouco do quanto é doído aguardar, praticando a paciência. Porque não é possível exercê-la quando não precisamos dela. Mas seremos colocadas à prova, justamente, quando mais estamos ansiosas, porque é aí que teremos a plena convicção de que não somos nós, mas o Espírito Santo nos capacitando. Essa espera precisa ser desenvolvida em oração, leitura da Palavra de Deus e constante comunhão com o Pai celestial.

José do Egito, o paralítico no tanque de Betesda, a mulher hemorrágica, a outra encurvada por demônios e o rei Davi foram alcançados pelo toque poderoso do Senhor porque esperaram nele. Ser paciente como resultado do Fruto do Espírito nos ensina a confiar no tempo e nas promessas de Deus. Também a perseverar diante das dificuldades, pois o nosso Deus trabalha em todas as circunstâncias para o nosso bem. A Palavra nos lembra que: "Na vossa paciência possuí as vossas almas" (Lucas 21.19 – ACF).

Frutificando

Vamos ver se você é uma pessoa paciente! Pegue um livro com o maior número de páginas possível — pode ser a Bíblia, um romance, um livro teológico, etc. Encontre no conteúdo as seguintes palavras: **paciência, casamento, relacionamento, filhos, janela, porta, fruto, pastor, solidão, paz, amor, igreja, calma, temperança, sol, justiça.**

Quanto tempo você gastou para achá-las? Conseguiu encontrar todas? Faltou alguma? A vida está cheia de oportunidades para exercermos a paciência. Seja qual for a atividade que você se propuser a fazer, faça-a da melhor maneira e com calma, pois "tudo o que fizerem, façam de todo o coração, como para o Senhor, e não para os homens" (Colossenses 3.23).

Convide um membro de sua família e, juntos, encontrem as palavras destacadas na mistura de letras a seguir:

```
E H F I D E L I D A D E A Y O T E T
N A R H I P P F R U T I F I C A R I
L H M D W A I I M H T V I D A P S P
E S V A R Z N O V A C R I A T U R A
R B E N B R E N E R N F N D E Y D C
R E G A S I O E R W É S E I A I I I
F T M P I A L E G R I A I X I A D Ê
C O O E R P S I L I B E R D A D E N
R H O A R H K M D D T T H P Ã H R C
T R A N S F O R M A Ç Ã O E P O S I
G E G E L B O N D A D E G L T W S A
O N H O F I L H A S D E D E U S C E
```

1. Alegria
2. Amabilidade
3. Amor
4. Bondade
5. Fidelidade
6. Filhas de Deus
7. Frutificar
8. Fé
9. Liberdade
10. Mansidão
11. Nova criatura
12. Paciência
13. Paz
14. Transformação
15. Vida

"Quando digo que devemos ser bondosas, falo sobre agir com aquilo que temos em nossas mãos."

— Junior Rostirola*

*Junior Rostirola é pastor sênior da Igreja Reviver; também coordena projetos sociais em sua cidade e no exterior. É autor do livro best-seller Café com Deus Pai e criador de um dos podcasts evangélicos mais ouvidos do Brasil.

Há uma profecia messiânica no livro de Isaías que traz Boa Nova para a humanidade, e ela está registrada no capítulo 61. Ao entrar na Sinagoga da cidade de Nazaré (cf. Lucas 4.7-21), no início de seu ministério, Jesus pegou o livro do profeta e leu o texto diante da congregação. Em seguida, anunciou que a palavra mencionada por Isaías estava se cumprindo naquele dia. Ele mesmo é essa Boa Nova tão ansiosamente esperada:

> O Espírito do Soberano, o Senhor, está sobre mim, porque o Senhor ungiu-me para **levar** boas notícias aos pobres. Enviou-me para **cuidar** dos que estão com o coração quebrantado, **anunciar** liberdade aos cativos e **libertação** das trevas aos prisioneiros, para **proclamar** o ano da bondade do Senhor e o dia da vingança do nosso Deus; para **consolar** todos os que andam tristes e **dar** a todos os que choram em Sião uma bela coroa em vez de cinzas, o óleo da alegria em vez de pranto e um manto de louvor em vez de espírito deprimido. Eles serão chamados carvalhos de justiça, plantio do Senhor, para manifestação da sua glória. (Isaías 61.1-3 – grifo nosso)

Cristo veio ao mundo com o propósito de manifestar a glória de Deus, trazer esperança, cura, liberdade e transformação para aqueles que o aceitam e seguem seus ensinos. Esses são chamados de "carvalhos de justiça, plantio do Senhor, para manifestação da sua glória" (Isaías 61.3). Diante de uma promessa tão tremenda, nós nos tornamos pequenos como um grão de areia da praia; ainda assim, sentimos quão importantes somos para Deus. A Boa Nova veio até nós. A bondade divina se manifestou na pessoa de Cristo Jesus e nos alcançou.

Deus é bom, verdadeiramente bom

Ao tirarmos a casca de uma tangerina, sentimos um aroma ácido e doce; isso indica que a fruta está prontinha para nos deliciarmos. E quanto a nós? As pessoas que se aproximam conseguem perceber a bondade, Fruto do Espírito, exalando dos nossos poros espirituais?

O altruísmo, a benignidade, a gentileza, a generosidade, e tantos outros sinônimos, estão intimamente relacionados à bondade, que faz parte da essência de Deus. Não existe uma pessoa sequer mais bondosa que ele: "Verdadeiramente bom é Deus" (Salmos 73.1a – ACF). Observamos isso logo na Criação.

No princípio (cf. Gênesis 1 e 2), quando o Eterno fez a Terra, os mares e tudo o que existe, viu que era muito bom. Na sequência, ele formou o homem, conforme a sua imagem e semelhança, e se alegrou com sua criação. Depois, o Criador deu ao homem uma companheira idônea, Eva, e os presenteou com um verdadeiro paraíso terreal – um lugar absolutamente perfeito, onde havia mais que o necessário para que desfrutassem de uma existência eterna de paz e alegria.

No entanto, pecaram e, por isso, tiveram de ser afastados do Jardim do Éden. Mas a bondade do nosso Deus não deixou de existir por causa da rebeldia do casal. Obviamente, houve consequências, mas desde o momento da desobediência, o Criador garantiu um Salvador, aquele que esmagaria a cabeça da serpente e **religaria** a

> Notícia agradável é para ser compartilhada, certo? Pense quais foram as melhores notícias que você recebeu nos últimos seis meses. Qual a impactou mais? Que tal ligar para uma amiga e lhe contar o que o Pai tem feito em você?

humanidade a ele. Isso é bondade em sua mais alta expressão. Deus, sendo verdadeiramente bom, não desistiu de nós.

A bondade de Jesus

Jesus, a encarnação da bondade do Pai, em seu ministério na Terra, investiu tempo ajudando os cansados, oprimidos, pobres e, até mesmo, os que não eram bem-vistos pela comunidade. Estar com essas pessoas revelava que o arrependimento e o perdão estavam disponíveis e que eram acolhidos.

Os diversos encontros de compaixão que o Mestre estabelecia com as pessoas restauravam definitivamente sua vida:

Bondade para com os cobradores de impostos

Mateus e Zaqueu eram cobradores de impostos repudiados pelos judeus (cf. Mateus 9.9-13; Lucas 19.1-9) por serem considerados desonestos. O amor do Senhor os encontrou de tal forma, que Mateus tornou-se discípulo do Mestre, e Zaqueu, após receber Jesus, restituiu a quem havia fraudado quatro vezes mais. Essa foi a transformação ocorrida na vida desses homens pela bondade recebida da parte de Jesus.

Bondade para com a mulher adúltera

Jesus agiu com misericórdia ao olhar para uma mulher que estava prestes a ser apedrejada. Sabiamente, ele questionou os acusadores sobre seus próprios pecados (cf. João 8.7), que, diante do confronto, se afastaram, desistindo daquele terrível ato. Desse modo, Jesus, voltando seus olhos para aquela mulher, disse-lhe: "Nem eu também te condeno; vai-te e não peques mais" (João 8.11 – ARC).

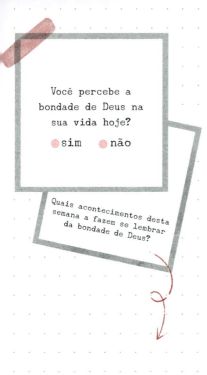

Mesmo sendo o único que tinha credenciais para julgá-la, decidiu não o fazer, livrando-a da morte. Por fim, deu-lhe uma orientação valiosa: "Não peques mais".

Bondade para com o leproso

Nos dias de Jesus, a lepra era uma doença que estigmatizava e afastava as pessoas do convívio social, isolando-as em lugares ermos.

Certo homem, leproso, reconhecendo a bondade e autoridade do Mestre, achega-se a ele em adoração e diz: "Senhor, se quiseres, podes tornar-me limpo. E Jesus, estendendo a mão, tocou-o, dizendo: Quero; sê limpo. E logo ficou purificado da lepra" (Mateus 8.2,3 – ARC). Embora fosse considerada uma doença contagiosa, Jesus o tocou com amor e compaixão, trazendo cura.

Bondade para com os enfermos e endemoninhados

Com sua extrema misericórdia, Jesus expulsou demônios, libertando muitos possessos de espíritos imundos; curou os enfermos, restituindo-lhes a saúde:

 Ao anoitecer foram trazidos a ele muitos endemoninhados, e ele expulsou os espíritos com uma palavra e curou todos os doentes. E assim se cumpriu o que fora dito pelo profeta Isaías: "Ele tomou sobre si as nossas enfermidades e sobre si levou as nossas doenças". (Mateus 8.16,17)

Se fôssemos citar cada uma das ações de bondade que Jesus praticou, gastaríamos páginas e mais páginas. Esses exemplos nos levam a refletir que bondade não são meras palavras gentis e atenciosas, mas **atos** que transformam vidas.

Egoísmo X Altruísmo

Enquanto dirigia meu carro, indo resolver algumas demandas da família, o Senhor começou a ministrar ao meu coração a diferença entre egoísmo e altruísmo.

Egoísmo é quando, no trânsito, o sinal amarelo acende e você acelera e se alegra, porque conseguiu passar antes de ele ficar vermelho; ou seja, estava pensando apenas no seu próprio interesse.

Altruísmo é quando o sinal está amarelo, você reduz a velocidade e até deixa, por exemplo, uma senhora atravessar, e ela fica feliz e agradecida. Você pensou nas necessidades dela, antes das suas. Os outros motoristas sorriem, o trânsito volta a fluir.

Esse simples exemplo revela algo precioso sobre a bondade: ela não pode ficar numa caixa fechada, guardada apenas para nós mesmas. Antes, tem de ser compartilhada, exercida, a fim de que todos se beneficiem dela.

Certa vez, eu estava em uma hamburgueria nos Estados Unidos, esperando o meu delicioso lanche, quando entendi que devia deixar de lado o prazer de comer o sanduíche e ministrar na vida de uma das atendentes daquele lugar. O Senhor Jesus tinha um encontro agendado com ela por meio da minha instrumentalidade.

Meu inglês era muito ruim, então estava consciente de que a comunicação seria difícil; além do mais, pensava no delicioso hambúrguer pelo qual aguardava para saborear. Mas quem sou eu para atrapalhar o agir do Espírito? Rapidamente, orei ao Pai e pedi-lhe para trazer à minha memória o que eu sabia do idioma. Quase gaguejando, fui me comunicando com aquela mulher, dizendo o quanto Deus a amava.

Não me lembro exatamente a mensagem que entreguei, mas foi da parte do Altíssimo, e, ao terminar de falar, ela me pediu, em lágrimas, que a abraçasse. Os outros clientes que estavam na fila começaram a dizer que queriam o abraço também; logo, um começou a abraçar o outro, de forma que todos se alegraram. Foi uma onda de bondade através da manifestação do Fruto do Espírito.

Eu queria comer um hambúrguer, algo apenas para mim, mas Jesus tinha outros planos. Ele me levou, e nos leva, a lugares onde existem pessoas precisando da revelação de seu amor. O mundo não conhece a verdadeira bondade, que se doa em favor do outro, mas precisa conhecer. E isso se dará por meio da minha e da sua vida. O que ganhei abraçando aquela mulher? A alegria de cumprir a vontade de Deus.

Imitadoras de Cristo

O texto de 1 Coríntios 11.1: "Tornem-se meus imitadores, como eu o sou de Cristo" é uma dica valiosa para um viver comprometido com a missão para a qual fomos chamadas. Paulo seguiu o modelo de excelência de Jesus, provando que é possível cultivar as mesmas virtudes do Mestre, inspirando-nos a internalizar seus valores e ensinos.

O que é ser uma imitadora de Cristo?

É andar e viver como ele o fez. É agir como Cristo, ou seja, ser uma cristã genuína. A sequência da dica de Paulo é: "E vivam em amor, como também Cristo nos amou e se entregou por nós como oferta e sacrifício de aroma agradável a Deus" (Efésios 5.2). Mas o que faz quem assim procede?

1. Uma imitadora de Cristo anda em amor.
- Cuida do outro sendo bondosa e gentil.
- Não age generosamente com o intuito de obter ganhos pessoais, mas é altruísta, pensando nas pessoas como pensa em si própria.
- Pratica a gentileza consigo mesma, pois a bondade, assim como o amor, deve começar em nós para termos o que oferecer ao próximo.
- Não critica e julga o outro por suas atitudes; antes, pondera, cautelosamente, o que ouve, o que vê e o que fala a respeito das pessoas, a fim de que, em amor, seja instrumento de bênção.
- Pratica a solidariedade sem esperar nada em troca.

2. Uma imitadora de Cristo exerce misericórdia e perdão.

Quando tratamos desinteressadamente uma pessoa, estamos exercendo misericórdia e bondade para com ela (cf. Efésios 4.32). A misericórdia é uma qualidade de pessoas bondosas. Jesus tinha compaixão dos humildes, dos sofredores, dos enfermos, dos que estavam afastados do Pai. Como já vimos, nosso Redentor morreu por nós quando ainda erámos pecadores. Se, absolutamente, compreendemos e aceitamos a sua graça, nós agimos com amor e misericórdia para com as pessoas, aprendendo a perdoá-las (cf. Colossenses 3.12-15).

3. Uma imitadora de Cristo faz além do que lhe é pedido.

> E, se alguém quiser processá-lo e tirar de você a túnica, deixe que leve também a capa. Se alguém o forçar a caminhar com ele uma milha, vá com ele duas. Dê a quem pede, e não volte as costas àquele que deseja pedir algo emprestado. Vocês ouviram o que foi dito: Ame o seu próximo e odeie o seu inimigo. Mas eu digo: Amem os seus inimigos e orem por aqueles que os perseguem, para que vocês venham a ser filhos de seu Pai que está nos céus. Porque ele faz raiar o seu sol sobre maus e bons e derrama chuva sobre justos e injustos. (Mateus 5.40-45)

Soa paradoxal, num tempo como este, andar uma segunda milha em prol do outro. As pessoas gritam por justiça se a demanda é para seu próprio benefício. Renunciar a certos "direitos", fazendo mais do que nos é pedido, não é nada agradável; ainda mais tratando-se de pessoas que não desejam o nosso bem.

Todavia, o Senhor não reagiu quando o chicotearam, açoitaram e colocaram em sua cabeça uma coroa de espinhos. Ele aguentou todas as dores e humilhações por mim e por você. Sei que pode parecer que Deus espera muito de nós, mas a recompensa está garantida: seremos filhas do nosso Pai que está nos Céus (cf. v. 45). Certamente, esse é um maravilhoso motivo para exercitarmos a bondade, não é mesmo?

Os que praticam a bondade como característica do Fruto do Espírito são capazes de enxergar as necessidades dos outros e se esforçar para supri-las, espalhando amor e compaixão. O Senhor não se mostrou indiferente aos necessitados que passaram por ele, que cruzaram seu caminho. Por vezes, dizemos que somos compassivas, mas, ao nos depararmos com pessoas em situação de rua, por exemplo, o que fazemos? Somos indiferentes e impacientes, seguindo o nosso caminho, ou oferecemos ajuda? Sermos apaixonadas por Jesus e ávidas por pregar o Evangelho implica investir tempo e generosidade aos que estão ao nosso redor.

Costumo dizer que o Fruto do Espírito é a capacitação, é a manifestação daquilo que o Senhor colocou em nós, não porque somos naturalmente boas pessoas, mas porque recebemos dele a graça de manifestá-lo. No entanto, é preciso exercitá-lo.

Quando vamos à academia, ou adotamos hábitos de vida saudável, fazemos nossos músculos trabalharem – até aqueles que nem imaginávamos que tínhamos! O músculo sempre esteve ali, só que, antes, o "tchauzinho" balançava. Assim que começamos a treinar, nós os desenvolvemos para que fiquem firmes. O mesmo acontece com as nossas virtudes interiores. A bondade já habita em você por meio do Espírito, não precisa ser inventada nem criada. Logo, exercite-a!

Deus é bom! Ele não olha se somos boas ou más, justas ou injustas para dar-nos o Sol e a chuva. De semelhante maneira, ele espera que tenhamos compaixão e generosidade uns para com os outros como resultado do Fruto do Espírito germinado no solo saudável do nosso coração. Em um mundo onde as pessoas só sabem reter, encontrar alguém disposto a dar é chocante, por isso **choque alguém com um ato de bondade**.

Nosso maior exemplo está na Boa Nova oferecida em nosso favor. O Pai nos deu o seu melhor – Jesus:

Deus nos ressuscitou com Cristo e com ele nos fez assentar nas regiões celestiais em Cristo Jesus, para mostrar, nas eras que hão de vir, a incomparável riqueza de sua graça, demonstrada em sua **bondade** para conosco em Cristo Jesus. (Efésios 2.6,7 – grifo nosso)

SUNDAR SINGH

Quando Sundar Singh[1], um célebre cristão indiano, viajava com seu guia, pelo Himalaia, foi atingido por violenta tempestade de neve. Arrastando-se pelo caminho, ele e seu companheiro tropeçaram num homem semicoberto pela neve. O guia insistiu para que prosseguissem, dizendo que, ao socorrer a vítima, poriam em perigo a sua própria segurança. Enquanto o guia prosseguiu sozinho, Sundar ergueu aquele corpo inconsciente aos ombros e enfrentou a tempestade, parecendo estar em desvantagem. Assim que a noite caiu, a boca de uma caverna se abriu à frente, numa promessa de descanso seguro. Sundar, então, que se conservava aquecido pela carga extra que carregou, tropeçou no corpo gelado do seu guia.

A bondade e a compaixão do missionário indiano salvaram-lhe a vida. Ao carregar o peso extra, manteve-se aquecido, enquanto o guia, pensando apenas em si próprio, não conseguia vencer o frio, vindo a falecer congelado. Cada cristão deve viver fazendo para o outro o que gostaria que fizesse consigo.

---

1 Sadhu Sundar Singh foi um missionário cristão indiano. Acredita-se que tenha morrido no sopé do Himalaia em 1929. Disponível em: https://www.google.com/search?client=firefox-b-d&q=Sundar+Singh&bshm=ncc/1. Acesso em: 26 maio 2023.

Frutificando

Que tal organizar as sugestões a seguir numa agenda de bondades da semana? Depois de ordenadas, coloque-as em prática nos dias estipulados. Por exemplo:

Segunda: Orar por uma moradora de rua e dar-lhe um abraço de compaixão.
Terça: _____
Quarta: _____
Quinta: _____
Sexta: _____
Sábado: _____
Domingo: _____

Você ainda pode acrescentar suas ideias e estar atenta ao que o Espírito Santo ministrar ao seu coração para fazer.

Lista de bondades

- Acorde mais cedo e prepare um café da manhã especial para a sua família, usando aquela louça que você só utiliza com as visitas.
- Pague um café para uma amiga a quem você não vê há muito tempo. Durante o encontro, faça uma escuta ativa, interessando-se por tudo o que ela lhe disser.
- Ore por uma moradora de rua e dê-lhe um abraço de compaixão.
- Visite uma pessoa enferma, levando flores ou um lanche que esteja de acordo com a sua dieta.
- Ligue para falar com um parente distante com quem você não tem um relacionamento próximo.
- "Empreste" seus ouvidos para ouvir as queixas de alguém entristecido.

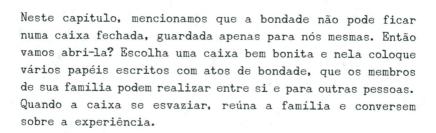

Neste capítulo, mencionamos que a bondade não pode ficar numa caixa fechada, guardada apenas para nós mesmas. Então vamos abri-la? Escolha uma caixa bem bonita e nela coloque vários papéis escritos com atos de bondade, que os membros de sua família podem realizar entre si e para outras pessoas. Quando a caixa se esvaziar, reúna a família e conversem sobre a experiência.

Praticando a amabilidade

Há um episódio registrado nos evangelhos que conta como algumas pessoas tentavam levar crianças a Jesus, a fim de que impusesse suas mãos e orasse por elas. Mas os discípulos pensavam que o Mestre tinha coisas mais importantes a fazer do que perder tempo com os pequenos, que, naquela época, não haviam conquistado grande relevância – nem ao menos eram contados. O Senhor desejava abençoá-los, então exortou os discípulos, dizendo: "Deixem vir a mim as crianças e não as impeçam; pois o Reino dos céus pertence aos que são semelhantes a elas" (Mateus 19.14).

Quanta amabilidade ele demonstrou em relação às criancinhas! Quando elas gritavam no templo: "Hosana ao Filho de Davi", os chefes dos sacerdotes e os mestres da lei ficaram indignados e perguntaram a Jesus: "Não estás ouvindo o que estas crianças estão dizendo?", sua atenção e carinho levou-o a responder: "Sim, vocês nunca leram: 'Dos lábios das crianças e dos recém-nascidos suscitaste louvor'?" (Mateus 21.16).

Ao falarmos sobre o amor, como Fruto do Espírito, também dissemos que **amabilidade** é o amor na prática. Faz sentido? João, conhecido como o apóstolo amável, carinhosamente, pronuncia: "Filhinhos, não amemos de palavra nem de boca, mas em ação e em verdade" (1 João 3.18). É um convite para que o cristão demonstre seu amor pelos outros por meio de ações concretas. Ele nos lembra que amar não é apenas uma questão de palavras ou sentimentos, mas requer um compromisso ativo em ajudar e servir aos outros.

Um fato ocorrido com Jesus, e narrado pelo doutor Lucas (7.36-50), expressa duas atitudes muito claras: uma de amabilidade e outra de indelicadeza e julgamento. O texto traz um relato significativo sobre um jantar em que o Mestre é convidado por um fariseu chamado Simão. Durante o encontro, uma mulher pecadora entra na casa e se aproxima de Jesus,

> O amor transforma e deixa marcas. Depois de conhecer a Cristo, quais de suas atitudes mudaram em relação às pessoas?

trazendo consigo um frasco de alabastro contendo perfume, e começa a derramá-lo sobre os pés do convidado ilustre, lavando-os com suas lágrimas e enxugando-os com seus cabelos.

A atitude da mulher pecadora apresenta um contraste com a postura do fariseu Simão, que se mostra crítico e julgador. Ele questiona a identidade de Jesus como profeta, julgando que o Mestre deveria ter conhecimento do passado pecaminoso daquela mulher e, assim, rejeitá-la. No entanto, Jesus responde à atitude de Simão contando-lhe uma breve parábola sobre dois devedores, um que devia uma grande quantia, e outro, um valor menor.

Ambos são perdoados pelo credor, e Jesus pergunta a Simão qual dos devedores demonstrara maior amor. A resposta de Simão é correta, mas o Senhor o confronta com a falta de ações cuidadosas de boas-vindas e amabilidade por parte do fariseu. Enquanto a mulher pecadora manifestou um amor genuíno e profundo, Simão falhou em oferecer os gestos básicos de hospitalidade a Jesus. Lucas narra da seguinte forma:

> [...] e disse a Simão: "Vê esta mulher? Entrei em sua casa, mas você não me deu água para lavar os pés; ela, porém, molhou os meus pés com as suas lágrimas e os enxugou com os seus cabelos. Você não me saudou com um beijo, mas esta mulher, desde que entrei aqui, não parou de beijar os meus pés. Você não ungiu a minha cabeça com óleo, mas ela derramou perfume nos meus pés. Portanto, eu lhe digo, os muitos pecados dela lhe foram perdoados; pois ela **amou muito**. (vs. 44-47 – grifo nosso)

Jesus está chamando atenção para o fato de que o verdadeiro arrependimento e a fé são acompanhados por uma transformação interna visível nas ações e atitudes de uma pessoa. A mulher pecadora, apesar de seu passado, recebeu a graça e o perdão de Jesus porque sua demonstração de amor sincero revelou o que havia em seu coração – e é lembrada até hoje por isso.

A fé sem obras é morta

Fazer o bem é recompensador, necessário e elogiado por Jesus. No entanto, muitos acreditam que isso é suficiente para herdar a vida eterna. Pensando assim, investem tempo e dinheiro em ações sociais, filantropia, entre outras atitudes, a fim de garantirem seu espaço na Eternidade. Contudo, a salvação não se adquire por obras, conforme Efésios nos mostra: "Porque pela graça sois salvos, por meio da fé; e isso não vem de vós, é dom de Deus. Não vem das obras, para que ninguém se glorie" (2.8,9 – ARC). As nossas boas ações não compram a salvação; ela é gratuita, porque é dom de Deus. Tanto a fé quanto as obras têm seu valor diante de Deus quando as praticamos com a perspectiva do Reino.

O capítulo 2 da carta de Tiago, irmão de Jesus, é um verdadeiro tratado quanto à amabilidade. Ele nos ensina o papel da fé e das obras em nossa salvação, esclarecendo que "sem fé é impossível agradar a Deus". Todavia, ele não menospreza as obras, dizendo que por meio delas a nossa fé é reconhecida. Os pontos principais desse incrível capítulo tratam de três conceitos primordiais: acepção de pessoas, o cumprimento da lei, a fé viva e a fé morta. Vamos analisar cada um deles:

Acepção de pessoas

"Meus irmãos, como crentes em nosso glorioso Senhor Jesus Cristo, não façam diferença entre as pessoas, tratando-as com parcialidade" (Tiago 2.1). Essa carta se destinava aos judeus que haviam aceitado a mensagem do Caminho, como eram conhecidos os primeiros cristãos. Antes de se decidirem por Jesus, esses judeus, assim como a maioria das pessoas, davam mais valor às pessoas com dinheiro e posição social de destaque, aquelas que tinham lugares melhores nos assentos nas Sinagogas.

Mas, para Jesus, todos eram iguais perante Deus; e esse era um ponto que eles ainda não entendiam completamente: considerar o pobre como consideramos o rico? Respeitar o escravo da mesma maneira que o fazemos com os cidadãos livres? Tratar a todos com amabilidade, atenção e cuidado? Tiago, então, esclarece que em Cristo não há acepção de pessoas. Não podemos honrar aqueles que parecem mais dignos aos olhos do mundo, porque no Reino não há essa diferença (cf. Tiago 2.9). Que quebra de paradigma o nosso Mestre causou, não é verdade?

A orientação valia para os cristãos da Igreja Primitiva e é totalmente válida para nós hoje: **não devemos fazer** acepção **de pessoas**. Fomos aceitos por Deus exatamente como éramos, portanto o respeito, a atenção, as palavras dóceis, as boas ações devem ser distribuídas a todos sem distinção.

O cumprimento da lei

Tiago continua nos versículos 10 e 11:

> Pois quem obedece a toda a Lei, mas tropeça em apenas um ponto, torna-se culpado de quebrá-la inteiramente. Pois aquele que disse: "Não adulterarás", também disse: "Não matarás". Se você não comete adultério, mas comete assassinato, torna-se transgressor da Lei.

É aqui que as coisas parecem dar um nó em nossa cabeça. Como podemos cumprir toda a lei? Humanamente falando, parece impossível.

Mas há uma esperança bastante concreta para os salvos em Jesus: "Porque o fim da lei é Cristo para justiça de todo aquele que crê" (Romanos 10.4 – ARC). Jesus cumpriu toda a lei por nós! E ele advoga em nosso favor quando pecamos: "Meus filhinhos, estas coisas vos escrevo para que não pequeis; e, se alguém pecar, temos um Advogado para com o Pai, Jesus Cristo, o Justo" (1 João 2.1 – ARC).

Quais atitudes você percebe que ainda precisa mudar para viver de acordo com o amor que recebeu de Jesus?

A fé viva e a fé morta

Já entendemos que "sem fé é impossível agradar a Deus", mas não nos iludamos: as obras também devem fazer parte do "pacote"; se não houver obras, ela inexiste. Torna-se uma crença sem valor diante de Deus:

> E, se o irmão ou a irmã estiverem nus e tiverem falta de mantimento cotidiano, e algum de vós lhes disser: Ide em paz, aquentai-vos e fartai-vos; e lhes não derdes as coisas necessárias para o corpo, que proveito virá daí? Assim também a fé, se não tiver as obras, é morta em si mesma. (Tiago 2.15-17 – ARC)

Em outras palavras, um coração que foi impactado por Jesus produz uma fé genuína, que se traduz em ações de amor e cuidado para com o próximo.

Naturalmente amável

A prática da amabilidade é desafiadora, mas, com toda certeza, transforma pessoas e situações. Eu costumo dizer que ela é o idioma que o cego pode ver e o surdo consegue ouvir. Agir com respeito, sem fazer acepção de pessoas, presentear, tratar com cortesia e proximidade promove conexões importantes na vida das pessoas. É algo parecido com o que ensinamos às crianças quando lhes apresentamos as palavrinhas mágicas: "Com licença, por favor e obrigado". Aos olhos infantis, essas palavras parecem abrir muitas portas e transformar inúmeras situações.

Na vida adulta, a palavra "mágica" é amabilidade. Embora não devamos confundi-la com a prática de dizer "sim" para tudo, ela é essencial para um viver em comunidade, pois gera respeito, confiança e amor nas relações. A amabilidade é um traço de fortaleza, e não de subserviência como alguns pensam. Veja o que a amabilidade é capaz de fazer:

Traz pessoas para perto

Acredito que você, assim como eu, não se sente à vontade perto de homens e mulheres que constantemente estão insatisfeitos e reclamam o tempo todo da vida e dos outros. Por isso mesmo, pessoas amáveis são constantemente bem-vindas em nossa casa, nas festas que promovemos, em nossa roda de amigos, porque são verdadeiros tesouros, que enchem a nossa alma de alegria, acrescentam conhecimento, desejam o nosso bem: "O homem bom tira coisas boas do bom tesouro que está em seu coração, e o homem mau tira coisas más do mal que está em seu coração, porque a sua boca fala do que está cheio o coração" (Lucas 6.45).

Ajuda a resolver problemas, mesmo quando estamos sob pressão

Sim, um coração amável pode ajudar a resolver problemas mesmo estando sob pressão. Quando enfrentamos dificuldades, ter uma atitude amável e compassiva nos ajuda a lidar melhor com as situações estressantes e a tomar decisões mais sábias.

Em Mateus 8.25-27, Jesus demonstrou isso agindo com calma e graciosidade numa situação dramática:

> Os discípulos foram acordá-lo, clamando: "Senhor, salva-nos! Vamos morrer!" Ele perguntou: "Por que vocês estão com tanto medo, homens de pequena fé?" Então ele se levantou e repreendeu os ventos e o mar, e fez-se completa bonança. Os homens ficaram perplexos e perguntaram: "Quem é este que até os ventos e o mar lhe obedecem?".

O cuidado e a compreensão de Jesus para com seus discípulos foram fundamentais naquele momento difícil. Certamente, ele aproveitou a oportunidade para ensinar sobre a fé, mas não pôs um peso maior sobre seus amigos. Ao contrário, ele os acalmou e resolveu o problema. Sua amabilidade nos inspira a buscar a serenidade e a bondade em meio às adversidades, ajudando-nos a resolver problemas mesmo quando passamos por forte ameaça. Um coração dócil pode acalmar até uma tempestade.

Atrai a atenção

Há pessoas que conseguem ser agradáveis com todos os que estão ao seu redor: cumprimentam com sorriso e cordialidade; estão prontas para ajudar em pequenas e até mesmo grandes tarefas; costumam ser as primeiras a chegar em eventos e as últimas a saírem; têm um coração pronto para o serviço. Suas atitudes atraem a atenção de patrões, de líderes e, principalmente, agrada a Deus: "Assim brilhe a luz de vocês diante dos homens, para que vejam as suas boas obras e glorifiquem ao Pai de vocês, que está nos céus" (Mateus 5.16).

Cuidados que devemos ter

Jesus, com o intuito de nos levar a viver uma vida que glorifica ao Pai, alerta-nos sobre algumas precauções em relação aos nossos atos de bondade.

Não alardear o que fazemos

> Tenham o cuidado de não praticar suas "obras de justiça" diante dos outros para serem vistos por eles. Se fizerem isso, vocês não terão nenhuma recompensa do Pai celestial. Portanto, quando você der esmola, não anuncie isso com trombetas, como fazem os hipócritas nas sinagogas e nas ruas, a fim de serem honrados pelos outros. Eu garanto que eles já receberam sua plena recompensa. Mas quando você der esmola, que a sua mão esquerda não saiba o que está fazendo a direita, de forma que você preste a sua ajuda em segredo. (Mateus 6.1-4a).

É muito comum usarmos expressões, como "o sorriso que não chega aos olhos", "lágrimas de crocodilo", entre outras, quando nos referimos a pessoas que não são o que aparentam. Elas até se mostram amáveis, mas seu coração não está engravidado de amor pelo outro e, consequentemente, não sofrem com os que sofrem, pois, ao "fazerem o bem", buscam holofotes para si. A beneficência não pode ser alardeada, uma vez que tudo o que o Fruto do Espírito produz em nós deve ser para a honra do nosso Senhor, e não para a nossa própria glória.

Não esperar recompensa por fazer o bem

"E seu Pai, que vê o que é feito em segredo, o recompensará" (Mateus 6.4b). Nada devemos esperar nesta vida em troca do amor e dedicação que oferecemos aos outros, pois o bem não é interesseiro. Dar esmolas, tratar com carinho, agir com misericórdia, oferecer palavras que curam uma alma cansada são atos de bondade que devem ser feitos ainda que não recebamos nem mesmo um agradecimento ou benefício pessoal. A nossa recompensa não é terrena, mas celestial, lugar onde os nossos tesouros devem estar guardados (cf. Mateus 6.19-21).

Simplesmente faça e veja do que ela é capaz!

O slogan da Nike[1] é *Just do it*, que traduzido para o português é "apenas faça" ou "simplesmente faça". Quando o Fruto do Espírito é realidade em nossa vida, simplesmente praticamos a amabilidade. Por que citei o *slogan* da companhia mundialmente famosa? Porque ele é simples e funcional. Assim devem ser as nossas atitudes de amabilidade; não deveríamos medir esforços ou fazer cálculos, apenas fazer, uma vez que aquele que é nascido do Espírito pratica o que agrada a Deus e glorifica o seu nome naturalmente.

Se eu perguntasse a você quais são os efeitos da amabilidade, não tenho dúvidas de que você apontaria inúmeros. Mas eu quero deixar aqui registrados pelo menos dois deles:

---

[1] Nike, Inc. é uma empresa estadunidense de calçados, roupas e acessórios fundada em 1972 por Bill Bowerman e Philip Knight. Disponível em: https://www.google.com/search?client=firefox-b-d&q=Nike&bshm=ncc/1. Acesso em: 28 maio 2023.

Paz

Você já observou que, diante de uma situação conflituosa, um gesto amável pode produzir paz e tranquilidade? Isso acontece porque **a amabilidade tem a capacidade de desarmar corações aflitos**. Cristo é a verdadeira paz. Ao compartilharmos seu amor por meio de ações práticas, levamos a sua doce presença que dissipa todo mal: "Deixo-lhes a paz; a minha paz lhes dou. Não a dou como o mundo a dá. Não se perturbe o seu coração, nem tenham medo" (João 14.27).

Amolece corações endurecidos

> E dar-vos-ei um coração novo, e porei dentro de vós um espírito novo; e tirarei da vossa carne o coração de pedra, e vos darei um coração de carne. E porei dentro de vós o meu Espírito, e farei que andeis nos meus estatutos, e guardeis os meus juízos, e os observeis. E habitareis na terra que eu dei a vossos pais e vós sereis o meu povo, e eu serei o vosso Deus. (Ezequiel 36.26-28 – ACF)

Se Deus não agisse com bondade para conosco, o que seria de nós? Na profecia de Ezequiel, o Senhor prometeu ao povo que tiraria o coração de pedra, dando-lhes um coração de carne, cheio de compaixão e sensibilidade. Essa mudança seria acompanhada pelo derramamento do seu Espírito, que os ajudaria a manterem-se firmes em seus mandamentos e a viverem em harmonia com ele. O poder da amabilidade suaviza até mesmo o coração mais duro, restaurando as relações e trazendo reconciliação e esperança. A amabilidade é persistente e, com doçura, insistente em relação ao que é certo e bom.

A amabilidade e a bondade estão de tal forma interligadas que quase não é possível distingui-las. Ser amável implica colocar em prática a bondade, e ambas são produzidas pelo Espírito Santo. Quando somos guiadas pelo Senhor, ele nos capacita a demonstrar amor, compaixão e generosidade num mundo cheio de egoísmo e indiferença, pois a amabilidade toca corações, oferece conforto e inspira mudanças. Essa virtude nos conecta uns aos outros e nos ajuda a construir relacionamentos significativos e duradouros. Que possamos, a cada dia, desenvolver essa característica do Fruto do Espírito Santo, permitindo que ela floresça em nossas ações e palavras, impactando as pessoas de maneira transformadora.

INIMIGO MEU[2]

Conta-se que certo imperador, quando foi avisado a respeito de uma insurreição que estava se desenvolvendo em uma das províncias, disse aos seus chefes militares:
— Vamos. Sigam-me. Destruirei os meus inimigos imediatamente.

Quando chegaram ao lugar onde se encontravam os rebeldes, o imperador os tratou com tanta brandura e amabilidade, que, em gratidão, todos se submeteram a ele voluntariamente.

Aqueles que compunham sua comitiva pensaram que ele ordenaria a imediata execução de todos os que haviam se rebelado contra o seu domínio, mas ficaram grandemente surpreendidos ao vê-lo tratando-os com tanto carinho e afeto. Intrigado com a "humilhante" atitude do soberano e julgando-o um quase covarde, um dos seus generais perguntou:
— É dessa forma que Vossa Excelência cumpre sempre a sua ameaça? Não nos disse no início da caminhada que viríamos aqui para vê-lo destruir os seus inimigos? Ora, a única atitude que tomou foi a de anistiá-los com um gesto humanitário. É assim que Vossa Excelência pretende manter seu império, perdoando e premiando os rebeldes com carinho?

---

2 Almeida, Assis. Histórias interessantes. Edições Livro Técnico. Disponível em: www.metaforas.com.br, https://sitedopastor.com.br/?s=amabilidade. Acesso em: 28 maio 2023.

Depois de ouvir atenciosamente a censura do seu general, disse-lhe:

— Sim, lembro-me que prometi solene e decididamente destruir todos os meus inimigos. E agora eu lhe pergunto: você está vendo algum inimigo meu por aqui?

 Porque não temos que lutar contra a carne e o sangue, mas, sim, contra os principados, contra as potestades, contra os príncipes das trevas deste século, contra as hostes espirituais da maldade, nos lugares celestiais. (Efésios 6.12 – ACF)

Frutificando

"A obra de transformação do Espírito de Deus em nós é como se expor ao sol. Eu não faço esforço para me bronzear. Eu apenas me exponho ao sol. Da mesma forma, com o Espírito Santo, precisamos nos expor e nos submeter a Ele." — C. S. Lewis

Exponha-se hoje aos raios solares do Espírito por meio de uma oração. Peça para ser aperfeiçoada nele.

Talvez seja a hora de rever algumas atitudes em relação a alguém de seu convívio. Nas linhas abaixo, anote três nomes de pessoas e o que você fará para demonstrar amabilidade para com elas:

1) Nome: _____
O que eu vou fazer: _____

2) Nome: _____
O que eu vou fazer: _____

3) Nome: _____
O que eu vou fazer: _____

*"Seja a amabilidade de vocês conhecida por todos.
Perto está o Senhor."
(Filipenses 4.5)*

"Ser fiel, primeiramente, a Cristo, faz com que, consequentemente, eu consiga ser fiel a uma pessoa, a um princípio, a uma conduta."

— Yudi Tamashiro*

* Cassio Yudi Muniz Tamashiro ficou conhecido após apresentar o programa "Bom Dia & Cia", do SBT, com Priscilla Alcântara. Converteu-se em 2017 e hoje prega a Palavra de Deus em suas redes sociais. É casado com a cantora Mila desde 2022.

Um assunto nada ultrapassado

Fidelidade[1] é atributo de quem é digno de confiança, que demonstra constância nos compromissos assumidos; é característica de quem revela zelo, respeito por algo ou alguém. De acordo com estudiosos bíblicos, a "fidelidade" está intimamente relacionada à "fé", pois ambas derivam do mesmo termo grego, *pistis*.[2] A nossa fé será provada por meio da prática constante da fidelidade, e esta, como todas as outras características do Fruto do Espírito, é produzida em nossa vida pelo trabalhar do Espírito. Não há como sermos fiéis a não ser por inspiração daquele que é sempre fiel.

As palavras do profeta Isaías (5.18, 20) infelizmente parecem fazer muito sentido na atualidade. O mal tem sido considerado bem; as trevas, luz; o amargo, doce e vice-versa. O relativismo ético e moral tem sido a tônica dos nossos dias. Nesse sentido, a infidelidade tornou-se comum, pois tem alcançado amplas proporções, tanto nos relacionamentos entre os casais como em outros vínculos: nos negócios, na política, nas amizades, na religião. Alguns a consideram fora de moda, descartando-a como roupas ultrapassadas. Esse tipo de prática, sabemos bem, não tem um final feliz, pois quebra acordos, gerando desconfiança, ciúmes e a instabilidade emocional, relacional e social.

Na perspectiva bíblica, os valores e princípios morais são atemporais e precisam ser respeitados, uma vez que a ausência deles provoca sofrimento

---

1. FIDELIDADE. In: Dicionário Oxford Online de significados. Disponível em: https://languages.oup.com/google-dictionary-pt/. Acesso em: 28 maio 2023.
2. FIDELIDADE. In: Léxico do Novo Testamento Grego/Português. São Paulo: Vida Nova, 1984.

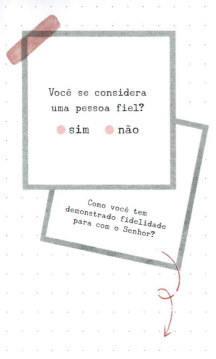

emocional e até físico. Fu já fui traída e sei o que a infidelidade pode acarretar. Além da decepção pela quebra do compromisso, ela nos faz sentir culpados, responsáveis pelos atos do outro, os quais, muitas vezes, nem fomos nós os causadores. Em diversas situações, eu me perguntava: "Onde falhei? O que será que não tenho? Devo malhar mais na academia? Ficar mais bonita?". Eram dúvidas que cresciam, mas a resposta não aparecia. As consequências da traição, da infidelidade, são muito dolorosas e, até mesmo, irreparáveis quando não há arrependimento e vontade de mudança.

Como uma árvore é conhecida pelo que produz, nós cristãos precisamos manifestar a fidelidade como resultado de nossa relação com Deus. Portanto, essa virtude deve estar forjada em nosso caráter de forma que não haja brechas ou quebras de compromissos com o Senhor nem com o nosso próximo.

A fidelidade de Deus para conosco

Embora a fidelidade seja uma ordem divina (cf. Deuteronômio 10.16,17; Lucas 16.10), a Palavra declara que, se formos infiéis, ainda assim Deus permanece fiel, porque ele não pode negar-se a si mesmo (cf. 2 Timóteo 2.13). Ele nunca quebra um pacto firmado, porque seu caráter é aprovado e digno de confiança, independentemente da nossa postura.

Ele também manterá sua palavra para conosco ainda que tudo ao redor pareça não estar dando certo ou que o cumprimento da promessa esteja distante. Não precisamos nos angustiar mesmo que os pecados cometidos no passado tentem assolar a nossa mente e nos separar do perdão que ele já nos ofereceu. O Senhor permanece imutável em sua Palavra, pois a sua fidelidade é como um oceano transbordante de graça e misericórdia.

Não sei se você passa por algum vale e enfrenta um vazio na alma. Talvez a traição tenha batido à sua porta ou as pessoas ao seu redor não tenham cumprido com as suas expectativas. O mundo falha conosco o tempo inteiro, mas o nosso Deus não. Assim como o Sol nasce todas as manhãs, o compromisso do Eterno para conosco se renova sempre, trazendo esperança e dias melhores.

Deuteronômio 32.4 nos ensina valiosas lições sobre a natureza de Deus. Nesse versículo, encontramos esta afirmação: "Ele é a Rocha, as suas obras são perfeitas, e todos os seus caminhos são justos. É Deus fiel, que não comete erros; justo e reto ele é". Que poderosa verdade encontramos aqui! Ele é fonte de estabilidade e confiança, comparado a uma rocha sólida. Suas obras são perfeitas e seus caminhos são justos, o que nos mostra a integridade e retidão do seu caráter. Podemos confiar nele plenamente, pois não falha nem volta atrás. Sua fidelidade é uma âncora segura que nos mantém firmes mesmo quando as circunstâncias estão instáveis. Louvado seja o Senhor!

A necessidade de uma aliança

Deus estabeleceu uma aliança com seu povo. A chamada Aliança Mosaica é um compromisso que o Senhor fez com Israel quando Moisés era seu líder. Ao descer do Monte Sinai, ele trouxe consigo as duas tábuas da Lei, ou seja, os códigos, regras que deveriam seguir e que os diferenciariam dos outros povos: "'Faço com você uma aliança', disse o Senhor. 'Diante de todo o seu povo farei maravilhas jamais realizadas na presença de nenhum outro povo do mundo. O povo no meio do qual você habita verá a obra maravilhosa que eu, o Senhor, farei'" (Êxodo 34.10).

Já no Novo Testamento, Jesus estabeleceu uma Nova Aliança conosco. Ele não revogou a antiga, mas o foco passa a ser a maneira como cumprimos e mantemos todas as alianças bíblicas, além do fato de que agora a Lei é escrita nos corações, e não em tábuas feitas de pedra: "Da mesma forma, depois da ceia, tomou o cálice, dizendo: 'Este cálice é a nova aliança no meu sangue, derramado em favor de vocês'" (Lucas 22.20); "Esta é a aliança que farei com eles, depois daqueles dias, diz o Senhor. Porei as minhas leis em seu coração e as escreverei em sua mente" (Hebreus 10.16).

Aliança não é o aro de ouro, o anel no dedo, porque se assim fosse, era fácil tirar, abandonar, substituir. O anel é um símbolo do compromisso assumido, e **aliança** é o pacto ou o que foi tratado entre os indivíduos, partidos, povos ou governos para determinada finalidade. Aliança é também a união, a ligação pelo matrimônio, é a junção harmoniosa de coisas diferentes entre si. Nas Escrituras Sagradas, Aliança é a iniciativa de Deus de fazer um pacto com os indivíduos ou com um povo.

Quando eu e meu marido começamos a namorar, ele externou o desejo de fazermos a corte[3]. Eu compreendi sua preocupação, mas, imediatamente, ponderei que, se seu medo era de terminarmos em uma cama, isso não aconteceria, porque, primeiramente, eu precisaria trair o meu Deus.

Embora a tentação batesse à porta diariamente, eu estabeleci um acordo com o Senhor de que o honraria acima de qualquer apelo que surgisse. Assim, o Guilherme concordou e nos pautamos nesse princípio de,

---

3 A corte, no meio cristão, é uma opção para casais que percebem que necessitam de limites no relacionamento antes de se casarem. A prática é evitar o contato físico que desperte impulsos sexuais. Alguns também optam por ter uma supervisão de pessoas mais velhas que os ajudem a impor os limites estabelecidos. Embora as igrejas não façam essa imposição, alguns casais escolhem se relacionar dessa forma. [N.E.]

acima de tudo, sermos fiéis a Deus, pois é o que nortearia todas as nossas escolhas. Se Deus está no centro das nossas decisões, tudo estará pautado nessa relação de fidelidade. Eu honro a Deus, logo honro ao meu próximo.

Fidelidade nas amizades

A meu ver, a história mais linda a respeito de amizade fiel está registrada em 1 Samuel 20: Davi e Jônatas. Provavelmente, você ouviu falar da maneira sobrenatural como Davi matou o gigante Golias (cf. 1 Samuel 17.45-47). A partir dessa conquista, o rapaz tornou-se herói nacional, genro do rei e cunhado do príncipe herdeiro, Jônatas. Nada disso subiu à cabeça do jovem, que era pastor de ovelhas, mas já havia sido ungido por Samuel para, no momento oportuno, reinar sobre a sua nação, e agora estava nas fileiras do exército real.

Saul, o rei, cheio de inveja e ciúmes, planejou matar Davi, mas Jônatas avisou ao amigo acerca das investidas do pai, mesmo correndo o risco de ver seu progenitor irar-se contra si. Os dois amigos fizeram uma aliança: "E [Jônatas] disse a Davi: 'Vá em paz, pois temos jurado um ao outro, em nome do Senhor, quando dissemos: O Senhor para sempre é testemunha entre nós e entre os nossos descendentes'. Então Davi partiu, e Jônatas voltou à cidade (1 Samuel 20.42,43 – acréscimo nosso).

Essa experiência destaca a intensidade do vínculo entre Davi e Jônatas, demonstrando uma amizade genuína e duradoura que superou as adversidades e desafios que enfrentaram. E ela nos leva ao entendimento de que a amizade é um vínculo que estabelecemos por escolha e pode ser tão sólida e relevante quanto a relação entre irmãos.

É verdade que, em muitas situações, é possível que um amigo expresse mais afeto e compromisso que irmãos de sangue, devido a ciúmes, inveja, predileções. A Bíblia não esconde casos assim e nos mostra diversos exemplos, como os de Caim e Abel, Ismael e Isaque, Esaú e Jacó, Lia e Raquel, o filho pródigo e seu irmão. Em contrapartida, encontramos exemplos de grandes amizades, como Maria e Isabel, Rute e Noemi, entre outros.

Amizade fiel é como um farol que nos mantém protegidas em noites escuras, porque sabemos que temos com quem contar. Ela nos abençoa e traz alegria aos dias mais escuros da alma: "O amigo ama em todos os momentos; é um irmão na adversidade" (Provérbios 17.17).

Fidelidade nos dízimos e ofertas

Malaquias entrega uma palavra dura acerca da infidelidade nos dízimos e ofertas: "Pode um homem roubar de Deus? Contudo vocês estão me roubando. E ainda perguntam: 'Como é que te roubamos?' Nos dízimos e nas ofertas. Vocês estão debaixo de grande maldição porque estão me roubando; a nação toda está me roubando" (3.8).

Embora o princípio do dízimo esteja registrado em Gênesis 14, onde aparece pela primeira vez, ele não foi abolido ou abandonado. Na Nova Aliança, ele é mencionado algumas vezes, como em Mateus 5.17; 3.23; Hebreus 7.1-10.

Dessa forma, somos convidadas a submeter as nossas finanças com fidelidade ao Senhor, devolvendo o que lhe pertence. E há uma promessa para quem se mantém fiel: "'Tragam o dízimo todo ao depósito do templo, para que haja alimento em minha casa. Ponham-me à prova', diz o Senhor dos Exércitos, 'e vejam se não vou abrir as comportas dos céus e derramar sobre vocês tantas bênçãos que nem terão onde guardá-las'" (Malaquias 3.10). Esse é o único texto bíblico que nos convida a fazer prova do Senhor.

A promessa de Deus é que, quando somos fiéis nos dízimos e ofertas, as bênçãos do Altíssimo são derramadas sobre nós, a ponto de não termos onde guardá-las!

Fidelidade no trabalho

Não poucas pessoas costumam fragmentar sua vida entre secular e sagrada. Ou seja, uma coisa é sua participação na igreja, outra é o seu envolvimento no trabalho, considerando que são aspectos distintos e Deus não tem nada a ver com a segunda parte.

No entanto, empregados e patrões cristãos devem trabalhar como se Deus fosse o seu superior. Bem antes de se submeterem ao líder ou de administrarem sua empresa, é o Senhor quem lhes concede as condições para exercerem suas funções, seja com saúde, inteligência, capacitação, ânimo.

Colossenses 3.23,24 convida a: "Tudo o que fizerem, façam de todo o coração, como para o Senhor, e não para os homens, sabendo que receberão do Senhor a recompensa da herança. É a Cristo, o Senhor, que vocês estão servindo". Fidelidade no trabalho vai muito além da pontualidade, inclui desempenhar nossas atribuições com excelência, como para o Senhor.

Quem procura manter a honestidade e o zelo no trabalho terá sempre boas indicações para promoções, novas oportunidades e crescimento profissional: "Você vê um homem [mulher] que se destaca em seu trabalho? Ele estará diante dos reis; ele não ficará diante de homens desconhecidos" (Provérbios 22.29 – NKJV – acréscimo nosso).

Muitas de nós trabalhamos por extrema necessidade e porque somos o único sustento da casa. Independentemente da situação ou circunstância, precisamos fazer o nosso melhor, pois, como vimos, a lealdade no serviço é uma resposta ao que Deus espera de nós. Quer trabalhemos em emprego remunerado ou voluntariamente, nosso comportamento deve ser o mesmo: fazer bem-feito! E sem desanimar, afinal, Jesus mesmo disse: "Meu Pai continua trabalhando até hoje, e eu também estou trabalhando" (João 5.17).

Exemplos de fidelidade na Bíblia

Abraão

Quem não gosta de ser íntimo de pessoas importantes e ilustres? Agora, ser chamado de amigo de Deus é o ápice! Em toda a História, a única pessoa a quem Deus chamou de amigo foi Abraão: "[...] 'Abraão creu em Deus, e isso lhe foi creditado como justiça', e ele foi chamado amigo de Deus" (Tiago 2.23). Isso se deu por causa da nobreza de sua confiança no Senhor. Também conhecido como pai da fé, ele foi o primeiro patriarca do povo de Israel, recebendo de Deus a promessa de que, pela sua vida, nações seriam abençoadas.

Moisés

Um dos principais personagens do Antigo Testamento, Moisés foi um instrumento que Deus usou para tirar o povo de Israel da escravidão no Egito. Ele procurou ser fiel ao Senhor em todo o tempo, cumprindo a sua missão com muita dedicação: "E, na verdade, Moisés foi fiel em toda a sua casa, como servo, para testemunho das coisas que se haviam de anunciar" (Hebreus 3.5). Logo que ele compreendeu sua origem e chamado, não se desviou, mas perseverou, apesar das murmurações e dos desafios que teve de enfrentar com o povo.

Jó

Sempre que pensamos em Jó, nós o vemos como o homem que perdeu tudo, mas devido à sua fé e fidelidade a Deus tornou-se conhecido por sua integridade. Ao longo da vida, ele enfrentou inúmeros desafios, incluindo a perda de sua família, riquezas e saúde. No entanto, em vez de se rebelar ou abandonar sua fé, manteve-se firme em sua devoção, mesmo quando confrontado com o silêncio de Deus. Ele expressou sua dor e questionamentos, mas nunca abandonou a confiança no Altíssimo e sua justiça: "Saí nu do ventre da minha mãe, e nu partirei. O Senhor o deu, o Senhor o levou; louvado seja o nome do Senhor" (Jó 1.21).

Daniel

Beltessazar foi o nome que o jovem israelita recebeu ao ser levado cativo para a Babilônia aos dezessete anos. Mesmo tendo sua identidade desafiada ainda tão jovem, e seus valores colocados em cheque, ele permaneceu fiel e temente a Deus: "Daniel, contudo, decidiu não se tornar impuro com a comida e com o vinho do rei, e pediu ao chefe dos oficiais permissão para se abster deles" (Daniel 1.8). Anos depois, apesar de perseguido e até condenado à cova dos leões, ele preferiu manter-se fiel a Deus, e o Senhor o livrou e o honrou. Sua fidelidade permitiu-lhe contemplar todo um reino se dobrar diante do seu Deus.

Jesus

Poderíamos ficar páginas e páginas citando exemplos bíblicos de fidelidade, mas quero encerrar este tópico lembrando que Jesus Cristo é o mais fiel de todos: "E da parte de Jesus Cristo, que é a fiel testemunha, o primogênito dentre os mortos e o príncipe dos reis da terra. Àquele que nos amou, e em seu sangue nos lavou dos nossos pecados" (Apocalipse 1.5 – ACF).

Tendo renunciado à sua glória, ele enfrentou tentações, foi perseguido e humilhado, sofreu o abandono de seus amigos e, por fim, entregou-se à morte de cruz. Jesus poderia ter evitado todas as dificuldades pelas quais passou, afinal, ele é Deus e dotado de todo o poder e força sobrenaturais. Mas foi humilde, obediente e fiel até o fim" (cf. Hebreus 5.8-9).

Quão grande exemplo de fidelidade é este: Jesus é soberano e conhece todas as tendências pecaminosas da nossa alma, mas insiste em nos chamar de amigos e se coloca como nosso advogado perante o Senhor. Por causa de sua fidelidade, hoje podemos também receber a identidade de servos fiéis e justos, desfrutando de misericórdia, graça e amor abundantes!

A prática da fidelidade

Como vimos, a fidelidade nos leva ao encontro da vontade de Deus, e ele quer sempre o melhor para cada uma de nós. Quero relembrar a você alguns fundamentos básicos que a ajudarão a estar mais próxima de Deus e consequentemente vivenciar a fidelidade nas suas relações:

1. Leia a Bíblia – A leitura da Palavra de Deus é o fator determinante para o crescimento da nossa fé.
2. Ore a Deus – A oração é imprescindível para que a comunhão com Deus se fortaleça. A conversa com o Pai celestial deve ser sincera, leal e frequente.
3. Pergunte-se: o que Jesus faria em meu lugar? – Antes de fazer algo, tomar uma decisão, tenha sempre em mente qual seria o comportamento do Senhor Jesus e, só então, aja!
4. Fuja da tentação – A tentação por si só não é pecado, mas ceder a ela sim. Então vá para bem longe dela.
5. Não deixe de congregar – Fazer parte de uma comunidade de fé, uma igreja genuinamente bíblica, além de uma célula, ajuda-nos a permanecermos fiéis, afinal, "a brasa fora do braseiro tende a esfriar-se".

Como vimos ao longo deste capítulo, a fidelidade e a fé são valores que devem ser desenvolvidos por meio da intimidade com o Espírito Santo. Elas influenciam os vários tipos de relacionamentos que estabelecemos e devem ser a marca de todo aquele que ama a Deus e deseja refleti-lo integralmente em sua vida.

Frutificando

Você precisará de cola e folha de papel em duas cores diferentes. Cole uma folha à outra, de forma que toda a superfície do papel fique bem ajustada na outra folha. Espere secar. Enquanto aguarda, invista tempo em oração, comprometendo-se a ser fiel a Deus em todos os seus relacionamentos. Agradeça ao Pai por sua constante fidelidade.

Verifique se a cola secou. Certo. Está bem sequinha, não é mesmo? Então, tente separar as suas folhas. O que acontece? Elas se rasgam.

Quando nos comprometemos com o outro, estabelecendo uma aliança, parte da pessoa está em nós e parte de nós está na outra pessoa. Não dá para separar sem rasgar o papel. Mesmo havendo infidelidade, parte de nós fica no outro e parte do outro fica em nós. Por isso mesmo, devemos permitir que a fidelidade, Fruto do Espírito, seja uma realidade constante em nossa vida, a fim de que desfrutemos das bênçãos advindas da aliança que firmamos com o Senhor e o próximo.

"Saibam, portanto, que o Senhor, o seu Deus, é Deus; ele é o Deus fiel, que mantém a aliança e a bondade por mil gerações daqueles que o amam e obedecem aos seus mandamentos."
(Deuteronômio 7.9)

"Nós falamos bem de Deus quando agimos de forma justa e branda – ou seja, mansa."

— Marlene Guerrato[*]

[*] Marlene Guerrato é mãe de oito filhos, professora universitária, orientadora educacional e vocacional. É professora de Escola Dominical e autora do livro À Mesa Posta: A Importância da Mesa na Comunhão da Família.

Uma postura interior

A mansidão está intimamente relacionada a uma atitude interior e envolve três aspectos principais: a submissão a Deus, um coração ensinável e a atenção que se dá aos outros[1].

Dessa forma, ser submissa a Deus implica estar aberta a aprender e crescer espiritualmente de acordo com os preceitos do Senhor. Uma pessoa mansa reconhece que não possui todo o conhecimento ou sabedoria, assim está sempre disposta ao aprendizado, praticando-o com humildade e recebendo correção quando necessário. Ser atenciosa tem a ver com tratar o próximo com gentileza, empatia e compreensão. Quem exerce a mansidão considera os sentimentos e necessidades dos outros, buscando agir com bondade e paciência em seus relacionamentos.

Esses três pontos juntos formam uma postura interior de mansidão, sendo uma qualidade que pode ser cultivada e desenvolvida através do crescimento espiritual e da busca contínua de uma vida em conformidade com o Espírito Santo de Deus. Como filhas do Altíssimo, carregamos a identidade do Criador e refletimos seu caráter pela forma como nos portamos diante do mundo. Utilizando nossas atitudes, falas e personalidades, o Senhor se manifesta àqueles que ainda não o conhecem, para que assim o seu nome seja glorificado, e seu Reino, expandido na Terra. A mansidão é, portanto, o resultado de um temperamento redimido por Cristo.

Temos em Jesus o maior modelo de mansidão, aquele que promete nos acompanhar e nos auxiliar em meio ao cansaço e desânimo: "Tomem sobre vocês o meu jugo e aprendam de mim, pois sou manso e humilde de coração,

---

1 Gilberto, Antônio. **O Fruto do Espírito**: a plenitude de Cristo e a vida do crente. Rio de Janeiro: CPAD, 2022.

Na sua opinião, quais características uma pessoa mansa possui? Cite ao menos 5.

e vocês encontrarão descanso para as suas almas" (Mateus 11.29). Você aceita esse convite? Disponha seu coração para que o Espírito Santo produza nele esse fruto tão útil para sua jornada cristã.

Permissividade X Mansidão

Em minha busca por virtude e sabedoria, passei a me debruçar sobre os ensinamentos presentes no livro de Provérbios. O capítulo 14 diz que "a mulher sábia edifica a casa, e a tola a destrói com as próprias mãos" (v. 1). Mais à frente, no capítulo 31, encontramos as características da mulher virtuosa, que é ativa, trabalhadora, inspira confiança, só faz o bem. Nela há brandura, mansidão e posicionamento cheio de amor. Refletindo sobre essas virtudes, percebi que há uma grande diferença entre permissividade e mansidão.

Permissividade[2] é característica de quem aceita, permite ou flexibiliza o que, normalmente, outras pessoas não aceitariam. Os que possuem esse perfil preferem se calar e evitar conflitos. São pessoas indulgentes, que toleram com facilidade e costumam não se posicionar contra erros e injustiças.

Quais delas você acredita possuir? Quais ainda precisa desenvolver?

2 PERMISSIVIDADE. In: Dicionário online. Disponível em: https://www.dicio.com.br/permissividade. Acesso em: 3 jun. 2023.

140

Por vezes, achamos que permanecer em silêncio é a melhor maneira de vencer os atritos diários. Qual mulher nunca fez vista grossa para evitar que uma tempestade desabasse sobre seu casamento ou na rotina diária com seus filhos? Tantas vezes, nós ajoelhamos clamando a Deus a oportunidade de cooperar com ele para que determinadas situações fossem resolvidas no lar, porém, por medo de enfrentar as oposições, simplesmente preferimos nos calar.

Com os sucessivos silêncios, a situação transforma-se em uma bola de neve, e o que era inicialmente pequeno passa a se tornar cada vez maior. Mulheres sábias, no entanto, não agem dessa maneira. Em momentos de tensão, elas recorrem ao Fruto do Espírito chamado mansidão.

Mansidão é quando nos posicionamos em amor, o que gera transformação nas circunstâncias ao nosso redor. Para melhor ilustrar esta definição, acompanhe o que Paulo trata em Gálatas 6.1: "Irmãos, se alguém for surpreendido em algum pecado, vocês, que são espirituais, deverão restaurá-lo com mansidão. Cuide-se, porém, cada um para que também não seja tentado".

"Deverão restaurá-lo com mansidão" é o mesmo que confrontar alguém em amor ao dizer: "Não está certo, mas eu te amo e vou te ajudar".

Aprendi que palavras certas ditas aos berros se tornam erradas. Da mesma forma que pensamentos não traduzidos em palavras de amor não produzem nenhum resultado. A Bíblia ensina que a repreensão mansa, essa sim, é capaz de gerar transformação: "A resposta branda desvia o furor, mas a palavra dura suscita a ira" (Provérbios 15.1 – ACF).

A mulher sábia age em mansidão

A mulher sábia, que edifica a sua casa, impede que o pecado cresça dentro do seu lar, afasta-se dos caminhos que levam à morte e não aceita tudo quieta. Ela evita o caos, posicionando-se em amor e na busca por mudança, sem deixar pendências para serem resolvidas no dia seguinte ou permitindo que mágoas e frustrações se acumulem.

Ester, uma mulher magnífica, nos ensina sobre a mansidão quando apresenta seu pedido a Assuero, rei da Pérsia: "Se for do agrado do rei, venha com Hamã a um banquete que lhe preparei" (Ester 5.4b).

O propósito da rainha era claro: salvar seu povo. No momento em que Hamã fora promovido, recebendo autoridade sobre os nobres do império, sua soberba o levou ao desejo de matar todos os judeus, por não se curvarem diante dele em reverência. Somente Assuero poderia impedir tal massacre, e Ester era a única de seu povo capaz de convencê-lo. Para isso, ela age com mansidão diante do rei, que aceita prontamente o convite feito de forma tão graciosa.

Antes de agir, Ester jejuou em silêncio para que o Senhor lhe desse o direcionamento certo. O convite feito ao rei para jantar com ela é feito com doçura. Com esse exemplo, aprendemos que o primeiro passo é fortalecer o nosso espírito por meio da oração e do jejum, renunciando ao nosso controle sobre as situações. Pare de agir pela força das suas próprias mãos, submetendo-se a Deus durante os momentos difíceis.

Acredito que você possa se identificar com esta situação cotidiana: seu marido chega a casa e, em vez de agir de forma mansa, mal ele atravessa a porta, você já o confronta aos gritos. Sua primeira reação é dizer algo como: "Eu não aguento mais essas crianças! Ainda bem que você chegou e vai colocar limite. Tem conta atrasada; a luz foi cortada, porque você não pagou a conta". Mesmo que nossas intenções sejam as melhores, acabamos por agravar o caos que já estava instaurado ali.

Não se isente da sua responsabilidade dentro do seu lar, porém seja mansa com seu cônjuge, com seus filhos e com quem tiver de confrontar. Uma palavra branda é capaz de gerar transformações eternas e, no tempo certo, produzirá frutos perpétuos. Os que praticam a mansidão não colocam a culpa em ninguém, porque têm autorresponsabilidade e admitem as suas falhas e fraquezas. Procure uma abordagem guiada pelo Espírito Santo: "Querido, que bom que você chegou para me ajudar com as crianças! Estou bastante estressada hoje, porque esqueci de avisá-lo sobre a conta da luz, que deveria ser paga; como não foi, cortaram a energia". Note que a mesma coisa está sendo dita: as crianças estão agitadas, a luz deveria ter sido paga, mas não foi, e a situação trouxe estresse. A frustração não foi negada; faz parte do dia a dia. Entretanto, a brandura e mansidão adotadas fazem toda a diferença!

Mansidão gera transformação

A mansidão é capaz de transformar uma casa em lar. Seja instrumento de Deus em sua família e observe as transformações acontecerem à medida que você se submete ao agir manso do Espírito Santo. Não somente seu casamento será alcançado, mas o amor sobrenatural do Senhor também transbordará para a vida de seus filhos.

Pais devem ser mansos ao falar e disciplinar e não se estressam nem saem batendo em suas crianças, que mal sabem o que fizeram de errado ou o motivo de estarem sendo corrigidas. Mães sábias e brandas são aquelas que dizem: "Meu filho, o que você fez não foi certo, por isso o estou corrigindo".

Qual é o preço da desobediência? Ela não produz coisas boas, pelo contrário, somente a obediência é capaz de gerar bons frutos. Por isso, a correção deve acontecer com mansidão, e não por meio da raiva ou fúria. Explique aos seus filhos o porquê de estarem sendo disciplinados, lembrando que as atitudes erradas devem ser corrigidas através de ações práticas e didáticas. Por exemplo, caso seu filho tenha deixado de ir à escola ou de fazer os deveres porque estava jogando videogame, corte esse entretenimento por uma semana, mas deixe claro a razão de estar agindo dessa maneira.

A disciplina em mansidão e amor gera resultados altamente produtivos, com aprendizado durável, e não apenas momentâneo: "Nenhuma disciplina parece ser motivo de alegria no momento, mas sim de tristeza. Mais tarde, porém, produz fruto de justiça e paz para aqueles que por ela foram exercitados" (Hebreus 12.11).

Na atualidade, muitos não entendem que disciplinar é um ato de amor, mas de fato é o que o próprio Deus diz: "Eu repreendo e castigo a todos quantos amo" (Apocalipse 3.19a – ACF). Portanto, como uma mulher que busca a mansidão, é importante que você entenda que a ausência de disciplina é sinônimo de falta de cuidado.

Como aplicar a disciplina no lar

Com mansidão e controle:

> "Pais, não irritem seus filhos; antes criem-nos segundo a instrução e o conselho do Senhor" (Efésios 6.4).

É difícil ser mansa e controlada quando estamos irritadas ou iradas. O melhor conselho para essas horas é não tomar atitudes impensadas. Respire fundo, acalme-se e tenha um momento de louvor e adoração no secreto com o Senhor. Quando a ira já não estiver dominando seu coração, imponha a disciplina. Assim, você verá que a correção acontecerá com amor.

Cumpra suas promessas:

> "Seja o seu 'sim', 'sim', e o seu 'não', 'não'; o que passar disso vem do Maligno" (Mateus 5.37).

Usando uma expressão bem atual, é comum "passarmos pano" sobre uma situação ruim quando a poeira baixou, mas não devemos fazer isso. Se prometemos uma recompensa, devemos cumprir, bem como punir atitudes erradas que ameaçamos corrigir. Nossos filhos nos respeitam quando entendem que somos fiéis e comprometidas com a palavra dita.

Não use a força para disciplinar:

> "A vara da correção dá sabedoria, mas a criança entregue a si mesma envergonha a sua mãe" (Provérbios 29.15).

A maioria dos cristãos, quando se depara com esse versículo de Provérbios, interpreta a vara como ferramenta de castigo. Porém, poucos talvez se lembrem de que, na Bíblia, essa palavra está relacionada com o ofício do pastor de ovelhas, que utilizava esse instrumento para guiá-las e conduzi-las na direção certa (cf. Salmos 23.4). Além disso, a vara também denota autoridade, poder e capacidade[3]. Ou seja, a partir dessa análise, entendemos que o papel dos pais ao disciplinar seus filhos é de orientação, ensinando-os como e por que precisam mudar. A disciplina que produz resultado é feita com mansidão, de forma alguma com violência.

Disciplinar é um ato de amor:

> "Meu filho, não despreze a disciplina do Senhor nem se magoe com a sua repreensão, pois o Senhor disciplina a quem ama, assim como o pai faz ao filho de quem deseja o bem" (Provérbios 3.11,12).

É comum que a disciplina doa mais em nós do que em nossos filhos. Sabemos que é necessário, por exemplo, tirar o telefone por cinco dias, mas hesitamos em fazê-lo, pois nossos filhos ficarão sem lazer e comunicação. Entretanto, a punição é necessária. Sempre aproveite as oportunidades para demonstrar que a repreensão será o melhor para eles no momento, agindo de forma mansa e amorosa.

---

[3] Torres, Milton Luis. A vara como instrumento de disciplina. Revista Eletrônica do Núcleo de Estudos e Pesquisa do Protestantismo da Faculdade EST. Disponível em: http://periodicos.est.edu.br/nepp. Acesso em: 4 jun. 2023.

Mansidão é aceitar o projeto de Deus para nossa vida

Ao olharmos para a história de Noé, algo salta aos olhos: ele fez tudo conforme a orientação de Deus. O Senhor ordenou que ele construísse uma arca e deu-lhe medidas específicas. Mesmo sem entender nada sobre construção naval, ele seguiu a vontade de Deus e acatou a sua palavra com mansidão, decidindo atender ao que achava ser certo.

Diferentemente de Noé, Sara, mulher de Abraão, teve outra postura, achando que poderia intervir no projeto de Deus: pelas próprias forças, tentou gerar a descendência de seu marido ao pedir para Agar se deitar com ele. O resultado todos já conhecem, não é? Será que, assim como Sara, estamos querendo dar "pitacos" no projeto de Deus? Sempre que cometemos esse erro, é certo que sairemos feridas.

Caso Noé tivesse utilizado qualquer outro tipo de madeira, feito a arca com outras medidas ou não observasse a colocação do betume, ele e sua família poderiam ter afundado no dilúvio. Mas, ao acatar, com mansidão, tudo conforme o Senhor ordenou, uma aliança de reconciliação foi formada: a Terra jamais seria inundada novamente. Por meio da mansidão de Noé, uma geração foi salva, dando início à sua descendência, da qual nós fazemos parte.

Obediência é um dos atributos da mansidão. Eu não sei qual o tamanho das dificuldades que você tem enfrentado hoje, mas o Senhor sabe e lhe faz um convite para agir com mansidão, abraçando os projetos do seu coração em submissão a ele e vendo as bênçãos se concretizarem ao longo da sua história.

Exemplos bíblicos de mulheres mansas

Temos ao nosso alcance alguns exemplos bíblicos de mulheres sábias, mansas e prudentes. Esses casos são uma rica fonte de aprendizado, demonstrando o quanto um caráter moldado por Deus é capaz de transformar situações, que pareciam impossíveis de serem resolvidas, com sabedoria, prudência e mansidão.

Maria, mãe de Jesus

Essa mulher extraordinária foi um grande modelo de submissão e fé, o que lhe permitiu assumir um papel essencial no plano divino de salvação da humanidade. Ao ter sido visitada pelo anjo mensageiro, recebeu uma notícia que mudaria totalmente o curso de sua vida. Seria compreensível que tal situação gerasse dúvida, estranhamento e até revolta em seu coração, já que seus planos de se casar poderiam ser prejudicados.

Como explicar uma gravidez repentina? O que seus familiares e conhecidos pensariam? Por que Deus estava interferindo em sua vida dessa forma? Entretanto, Maria se entregou à vontade do Senhor com mansidão: "Respondeu Maria: 'Sou serva do Senhor; que aconteça comigo conforme a tua palavra'. Então o anjo a deixou" (Lucas 1.38).

Após esse episódio, ela e seu marido viveram situações desafiadoras. A mãe de Jesus acompanhava o crescimento de seu filho, sabendo que um grande ministério o aguardava. A criança maravilhava as pessoas ao seu redor, e os rumores a seu respeito se expandiam por onde a família passava. Maria, porém, não se exaltava nem agia apressadamente diante de todos os acontecimentos, mas mantinha seu coração ensinável e aberto para o cumprimento do propósito de Deus: "Maria, porém, guardava todas essas coisas e sobre elas refletia em seu coração" (Lucas 2.19).

Rute

Demonstrando tremenda empatia para com a sua sogra, Noemi, decidiu acompanhá-la em seu maior momento de dificuldade após a morte de seu marido e filhos. Mesmo que não houvesse vantagem em permanecer com ela, compadeceu-se e a consolou de forma mansa e compreensiva. Além disso, ao ser aconselhada por Noemi, seguiu suas orientações com humildade: "Respondeu Rute: 'Farei tudo o que você está me dizendo'. Então ela desceu para a eira e fez tudo o que a sua sogra lhe tinha recomendado" (Rute 3.5,6).

A jovem moça poderia ter abandonado sua sogra em busca de outro marido que a sustentasse, mas atentou-se aos sentimentos de Noemi com compaixão e misericórdia. Por causa disso, Rute foi favorecida diante de Boaz, que aceitou resgatar sua família: "Boaz lhe respondeu: 'O Senhor a abençoe, minha filha! Este seu gesto de bondade é ainda maior do que o primeiro, pois você poderia ter ido atrás dos mais jovens, ricos ou pobres!'" (Rute 3.10).

Dessa forma, a descendência de Noemi adquiriu continuidade, culminando futuramente no nascimento do rei Davi, de onde vem a descendência de Jesus.

Abigail

Graças à sua mansidão, Abigail apaziguou um grande conflito entre Davi e seu marido Nabal, que possuía um caráter grosseiro e insensível. A tirania de Nabal para com Davi poderia ter gerado uma luta sangrenta, mas Abigail assumiu uma postura humilde e sábia, tranquilizando a grave situação: "Davi disse a Abigail: 'Bendito seja o Senhor, o Deus de Israel, que hoje a enviou ao meu encontro. Seja você abençoada pelo seu bom senso e por evitar que eu hoje derrame sangue e me vingue com minhas próprias mãos'" (1 Samuel 25.32,33).

Que exemplo precioso do poder da mansidão em meio aos desentendimentos! Quadros críticos podem ser solucionados com uma obediente mudança de postura guiada pelo Espírito Santo.

Muitos costumam confundir a mansidão com frouxidão, fraqueza ou falta de coragem, mas não se trata disso! Ela é uma das características do Fruto do Espírito, cultivada por meio de um verdadeiro relacionamento com Deus. É a capacidade de ser moderada e ter um espírito manso, mesmo em meio às circunstâncias mais adversas.

Para que a mansidão seja desenvolvida em nós, é necessário disciplina, vontade de fazer o que é certo e agradar a Deus em todas as circunstâncias. Portanto, procure imitar os exemplos dessas mulheres da Bíblia, praticando o perdão em sua vida diária e tendo um coração de serva, sempre aberto aos ensinamentos e direcionamentos do Senhor. "Bem-aventurados os mansos, porque eles herdarão a terra" (Mateus 5.5 – ACF). A mansidão, como resultado do Fruto do Espírito em nós, permite que ele cresça e nós diminuamos (cf. João 3.30).

Antes de passarmos para a próxima e última característica do Fruto do Espírito, pare e reflita: o mundo quer que sejamos as melhores, campeãs em todas as nossas áreas de atuação e com o maior número de seguidores possível. Na ótica mundana, aqueles que chegam depois do primeiro lugar são perdedores e não merecem, sequer, serem lembrados.

No Reino de Deus não é assim. Os mansos são corajosos, valorosos, mais importantes e alcançam melhor resultado que os valentões e destemperados. O nosso Senhor e Mestre deu-nos orientações exatamente contrárias à visão que o mundo oferece:

> Mas entre vós não será assim; antes, qualquer que entre vós quiser ser grande, será vosso serviçal; e qualquer que dentre vós quiser ser o primeiro, será servo de todos. Porque o Filho do homem também não veio para ser servido, mas para servir e dar a sua vida em resgate de muitos. (Marcos 10.43-45 – ACF)

Frutificando

Marque um X no que aconteceu com você quando foi disciplinada com mansidão e amor:

- Chorou durante várias horas, achando que não tinha culpa.
- Depois de chorar, lavou o rosto e continuou a vida normalmente.
- Respeitou ainda mais quem lhe aplicou a disciplina.
- Você se sentiu protegida pela pessoa que a disciplinou com mansidão e amor.
- Não conversou com a pessoa que a disciplinou durante vários dias.

Examine as alternativas marcadas com um X e pergunte a si mesma: há mágoa em meu coração por ter sido disciplinada ou me sinto bem? O que demonstra que a mansidão na disciplina fez diferença na sua vida? Anote suas observações:

"O domínio próprio é, sem sombra de dúvida, uma característica do Fruto que escancara a nossa carne."

— Pra. Sarah Mendes*

* Sarah Mendes é mestre em Psicologia e Teologia com ênfase em Ministério, escritora, palestrante, articulista e apresentadora de programas de TV.

O intelecto e a emoção

Chegamos à última característica do Fruto do Espírito: o **Domínio próprio** ou autocontrole, que é a capacidade de governar nossas emoções e paixões, de forma a nos posicionarmos em qualquer situação com serenidade e disciplina. Essa qualidade nos ajuda a gerenciar atitudes que podem até parecer corretas, mas, na verdade, são o resultado da nossa impulsividade. Hum... Nós, mulheres, precisamos muito desse Fruto do Espírito!

A psicóloga Sarah Mendes conseguiu resumi-lo bem em uma frase: "Domínio próprio é a censura entre o intelecto e a emoção". Excelente definição, não é mesmo? De acordo com ela, compreendemos o autocontrole como um filtro que nos faz pensar se o que estamos sentindo corresponde ao que é certo. Esse entendimento nos ensina que, quando há circunstâncias em que as nossas emoções tentam nos levar a decisões ou reações de forma imprudente, o domínio próprio precisa entrar em ação, trazendo consciência e equilíbrio, a fim de respondermos corretamente àquele cenário.

Deus nos dotou de vigor físico, intelectual, emocional e espiritual, no entanto, para que toda essa energia seja adequadamente proveitosa, é preciso, como mulheres cristãs, submetê-la à força do Espírito Santo, porque nem sempre, de forma natural, seremos capazes de fazê-lo.

Hedonismo

O mundo segue um sentido diametralmente oposto aos valores do Reino dos Céus. Em todo o tempo, somos atingidas por ideias do tipo: "Faça o que faz você feliz, seguindo seu coração e emoções. Vá, depois meça as consequências". Essa é uma visão hedonista[1], isto é, a dedicação ao prazer como estilo de vida, que, infelizmente, todos estão susceptíveis, pois, na busca pela felicidade, a grande maioria acaba caindo nessa armadilha, entregando-se somente à realização de seus prazeres pessoais, pois estão alheios aos princípios da Palavra de Deus.

Até mesmo nós cristãos, não poucas vezes, tentamos encaixar os valores do Reino ao nosso padrão; no entanto, o Evangelho diz respeito a morrer para nós mesmos, a fim de que Cristo viva em nós. Paulo conhecia bem essa luta entre a carne e o espírito quando declarou:

> Sei que nada de bom habita em mim, isto é, em minha carne. Porque tenho o desejo de fazer o que é bom, mas não consigo realizá-lo. Pois o que faço não é o bem que desejo, mas o mal que não quero fazer, esse eu continuo fazendo. Ora, se faço o que não quero, já não sou eu quem o faz, mas o pecado que habita em mim. Assim, encontro esta lei que atua em mim: Quando quero fazer o bem, o mal está junto a mim. (Romanos 7.18-21)

A nossa posição como servas de Deus na Terra precisa estar sedimentada na Palavra, não na impulsividade dos nossos desejos: "'Tudo me é permitido', mas nem tudo convém. 'Tudo me é permitido', mas eu não deixarei que nada domine" (1 Coríntios 6.12). Para nos blindarmos de pensamentos

---

1 HEDONISTA. In: **Léxico do Novo Testamento Grego/Português**. São Paulo: Vida Nova, 1984.

hedonistas, que tentam fazer fortaleza na nossa mente, necessitamos permitir que o Senhor sonde o nosso interior diariamente:

 O coração é mais enganoso que qualquer outra coisa e a doença é incurável. Quem é capaz de compreendê-lo? Eu sou o Senhor que sonda o coração e examina a mente, para recompensar a cada um de acordo com a sua conduta, de acordo com as suas obras. (Jeremias 17.9-10)

Como expõe o profeta Jeremias, o coração, ou seja, as nossas emoções invariavelmente são confusas, equivocadas, portanto é muito perigoso deixá-las decretar nossas decisões.

Indícios da falta de domínio próprio

Para que estejamos vigilantes, é necessária uma autoavaliação do nosso comportamento, reconhecendo sintomas de impulsividades e carência de equilíbrio. Qualquer uma de nós pode se identificar com algumas das características descritas a seguir, mas é importante que as falhas sejam encontradas e corrigidas, a fim de que as nossas capacidades humanas estejam dentro dos limites que honrem a Deus e abençoem o próximo. Lembre-se de que a força e o poder sobrenatural do Espírito Santo nos auxiliam em nosso amadurecimento e crescimento espiritual.

Orgulho

Pessoas orgulhosas não admitem seus erros e são tomadas pela arrogância e a vaidade. Costumam dar vazão ao pensamento de que são superiores aos demais. Porém, o orgulho nos leva à ruína, conforme Salomão esclarece: "O orgulho vem antes da destruição; o espírito altivo, antes da queda (Provérbios 16. 18).

Existe também outro tipo de orgulho, que é bem sutil e não aparenta estar relacionado à posição de superioridade. Muitas vezes, temos essa atitude até mesmo para com o Senhor. Certa vez, fui a um retiro espiritual, em que Deus me ensinou algo muito precioso sobre isso. Logo no momento de acolhimento, tivemos a oportunidade de sermos ouvidas e direcionadas para as áreas às quais seríamos tratadas.

No momento da entrevista, já fui logo dizendo que minha vida era maravilhosa e que estava ali apenas para receber mais de Deus. Disse que amava minha família, ministério, que tinha o dom de escrever e que, só no meu bloco de notas, havia 21 livros escritos! Na hora, a pastora que fazia o acolhimento me perguntou: "E quantos publicados?". Eis que eu disse: "Nenhum". Então ela indagou a razão, e eu expliquei que ainda não estavam acabados, pois eu precisava melhorá-los.

Acontece que eu tinha dado toda uma introdução espiritual, de que o Senhor me dera tais livros, *insights*, que eu era acordada de madrugada e movida a escrever. Enfim, para o meu desespero e cura, aquela mulher me disse: "Mariel, isso se trata de **orgulho**! Cada vez que o Senhor lhe dá um livro e você não o leva adiante por achar que não está bom, você está dizendo que o que ele lhe entregou não está à altura de suas exigências. Se não fosse assim, por que não os publicou? No fundo você sabe que, para lançá-los, teria de se expor, mesmo que a ideia tenha sido dele".

Quando nos submetemos ao Espírito, adquirindo o domínio próprio, não apenas controlamos o nosso orgulho, mas o abandonamos, dando espaço à humildade. Lembrando que Tiago diz que a humildade é elogiada pelo Senhor, ao passo que o orgulho é desprezado e resistido (cf. 4.6).

Impaciência

Quem não tem domínio próprio é impaciente, incapaz de aguardar sua vez e acredita merecer a primazia em tudo. Com frequência, a impaciência nos leva a cometer erros que a cautela e a prudência ajudariam evitar: "Melhor é o que tarda em irar-se do que o poderoso, e o que controla o seu ânimo do que aquele que toma uma cidade" (Provérbios 16.32).

Descontrole

O temperamento descontrolado é um claro indício da carência de equilíbrio emocional e espiritual. Após atitudes impensadas, até podemos atribuir os surtos ao nosso estresse ou a uma provocação recebida, mas a verdade é que revelam mesmo um espírito que necessita ser domado.

Provérbios 25.28 diz: "Como a cidade derrubada, sem muro, assim é o homem que não pode conter o seu espírito". No contexto do Antigo Testamento, uma cidade sem muros significava uma total exposição aos inimigos e toda espécie de salteadores. Provérbios compara uma pessoa que não controla a si mesma a essa cidade, que, desprotegida, está susceptível a qualquer invasor. Em outras palavras, o domínio próprio funciona como uma proteção contra aqueles impulsos naturais que podem nos levar à ruína.

Ignorância

A pessoa ignorante não pesa ou mede as consequências de suas ações, pois acredita estar no controle de tudo: "Não sejam como o cavalo ou o burro, que não têm entendimento mas precisam ser controlados com freios e rédeas, caso contrário não obedecem" (Salmos 32.9).

A insuficiência de domínio próprio nos prejudica e fere as pessoas ao nosso redor. Sem ele, estaremos sempre "catando os cacos", tentando corrigir o que fizemos ou deixamos de fazer, quando seria muito mais benéfico e proveitoso praticar esse tão importante Fruto do Espírito.

Palavras ao vento

Uma das grandes qualidades do autocontrole é o domínio sobre o nosso falar. Em sua carta, o apóstolo Tiago afirma: "Todos tropeçamos de muitas maneiras. Se alguém não tropeça no falar, tal homem [mulher] é perfeito, sendo também capaz de dominar todo o seu corpo" (Tiago 3.2 – acréscimo nosso).

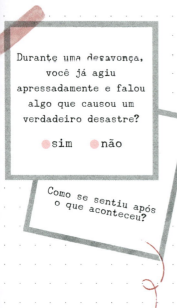

Durante uma desavença, você já agiu apressadamente e falou algo que causou um verdadeiro desastre?

● sim   ● não

Como se sentiu após o que aconteceu?

Ao refrear a nossa língua, seremos capacitadas o suficiente para controlarmos a nós mesmas em todos os aspectos, ou seja, nosso caráter se torna maduro, e a maturidade nos faz cuidar do que falamos. O próprio Tiago nos alerta sobre o poder da língua:

> Quando colocamos freios na boca dos cavalos para que eles nos obedeçam, podemos controlar o animal todo. Tomem também como exemplo os navios; embora sejam tão grandes e impelidos por fortes ventos, são dirigidos por um leme muito pequeno, conforme a vontade do piloto. Semelhantemente, a língua é um pequeno órgão do corpo, mas se vangloria de grandes coisas. Vejam como um grande bosque é incendiado por uma simples fagulha. (3.3-5)

Palavras ditas não voltam atrás. Podemos pedir perdão, bajular e tentar consertar o que foi dito, mas assim como o prego que batemos na madeira deixa buracos, nossas palavras têm o poder de machucar e ferir. Da mesma forma que uma pequena faísca resulta em queimadas devastadoras, falas aparentemente insignificantes podem gerar um grande estrago se não forem bem articuladas. Por isso, devemos ponderar cuidadosamente antes de expor nossos pensamentos. Tiago continua:

> Assim também, a língua é um fogo; é um mundo de iniquidade. Colocada entre os membros do nosso corpo, contamina a pessoa por inteiro, incendeia todo o curso de sua vida, sendo ela mesma incendiada pelo inferno.

Toda espécie de animais, aves, répteis e criaturas do mar doma-se e é domada pela espécie humana; a língua, porém, ninguém consegue domar. É um mal incontrolável, cheio de veneno mortífero. (3.6-8)

Você já passou por uma situação na qual gostaria de ter se calado, mas percebeu que era tarde demais, pois suas palavras já tinham gerado feridas profundas em pessoas amadas? Quantas vezes utilizamos argumentos com a intenção de ferir o nosso cônjuge apenas para ganhar uma discussão, em vez de controlarmos a nossa emoção?

Entendemos, dessa forma, a seriedade apresentada por Tiago ao descrever o aspecto maligno que o falar imprudente é capaz de manifestar. É incrível como somos capazes de fazer um elogio e ao mesmo tempo criticar alguém. Com o mesmo órgão que louvamos ao Senhor depreciamos as pessoas. Como novas criaturas, a nossa língua não deve ser usada para maldição, gerando divisões, rebeliões e ofensas, mas sim como instrumento poderoso que reflete a glória de Deus, quando submetido ao domínio do Espírito Santo.

O que mais precisamos dominar?

Como já vimos, dominar a nossa língua é uma grande conquista, pois ela é como fogo e mundo de iniquidade (cf. Tiago 3.6). Além dela, devemos controlar também:

Nossas atitudes

Muitas vezes, nossas ações parecem gritar que estamos descontroladas. Não conseguimos orientar e corrigir os filhos com brandura; não falamos

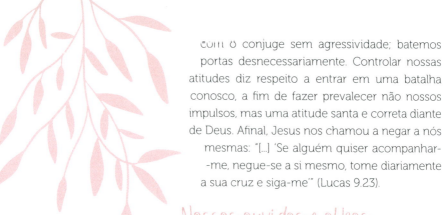

com o conjuge sem agressividade; batemos portas desnecessariamente. Controlar nossas atitudes diz respeito a entrar em uma batalha conosco, a fim de fazer prevalecer não nossos impulsos, mas uma atitude santa e correta diante de Deus. Afinal, Jesus nos chamou a negar a nós mesmas: "[...] 'Se alguém quiser acompanhar-me, negue-se a si mesmo, tome diariamente a sua cruz e siga-me'" (Lucas 9.23).

Nossos ouvidos e olhos

Sim. Pode parecer desnecessário dizer isso, mas com tantas coisas impuras e valores distorcidos à nossa disposição na televisão e nas redes sociais, devemos aprender a ser mais seletivas, escolhendo com cuidado o que nossos olhos devem ver e nossos ouvidos, ouvir, para que em todas as coisas o nome do Senhor seja glorificado. Se me leva ao pecado ou não edifica, devo me afastar delas: "Mas ponham à prova todas as coisas e fiquem com o que é bom. Afastem-se de toda forma de mal (1 Tessalonicenses 5.21,22).

Nossas emoções

As muitas pressões que sofremos diariamente parecem contribuir para que as nossas emoções estejam em desequilíbrio. Provérbios 4.23 lembra-nos: "Acima de tudo, guarde o seu coração, pois dele depende toda a sua vida".

Isso significa que devemos proteger nossos pensamentos, emoções e intenções, pois eles influenciam diretamente nossas palavras e ações. Ao cuidarmos do nosso coração, cultivamos uma atitude de sabedoria, amor e pureza, o que nos ajuda a tomar decisões sábias e viver uma vida plena diante de Deus.

Para isso, temos de ficar atentas ao que permitimos entrar em nosso coração, pois isso molda quem somos e afeta nossos relacionamentos e o nosso próprio bem-estar. A melhor forma de fazer isso é submeter cada sentimento ao Espírito Santo, pedindo ajuda para que filtre cada pensamento e nos ajude a pôr guarda em nosso coração.

Prossigo para o alvo

Minhas amigas que ainda não conheceram a Cristo não entendem como decidi tão firmemente não mais consumir bebidas alcoólicas. Como consegui abandonar os "prazeres" da bebida? Na verdade, eu estava aprisionada aos meus próprios desejos. Quando era escrava do pecado, achava que estava livre fazendo o que eu bem queria. Apesar de muitas me considerarem hoje uma mulher bitolada, sinto-me liberta, pronta para ter controle de minhas emoções e, na dependência do Senhor, fazer o que é melhor para a minha vida e família. Os versículos de Filipenses 3.13 e 14 me ajudam a me lembrar sempre do propósito que estabeleci com o meu Deus:

 Irmãos, não penso que eu mesmo já o tenha alcançado, mas uma coisa faço: esquecendo-me das coisas que ficaram para trás e avançando para as que estão adiante, prossigo para o alvo, a fim de ganhar o prêmio do chamado celestial de Deus em Cristo Jesus.

Prosseguir para Cristo, o nosso alvo, é mais importante do que agradar aos outros. Quando caminhamos com os olhos fixos em Jesus, sua opinião soberana se torna o nivelador das nossas ações, de maneira a satisfazê-lo em tudo o que nos propomos a fazer.

Muitos dizem que viver para Cristo é prisão, cegueira e engano; mas eu afirmo com certeza que é ganho, lucro, liberdade, vida real e plena com Deus! Através do domínio próprio, somos livres e nos tornamos quem o Senhor nos criou para ser, vivendo na verdade, e não nos movendo por emoções.

Liberdade é quando o mundo nos incita a tomar decisões baseadas no que sentimos, e temos a ousadia de responder: "Não preciso de algo para ser feliz, pois minha alegria está em Cristo, que habita em mim. O que não sou capaz de fazer pela minha própria força, ele pode através do Fruto do Espírito". Aleluia! Podemos resistir ao pecado e às tentações, pois temos domínio próprio, autocontrole e não nos deixamos levar por sentimentos, nem por palavras que nos afastam do propósito e da vontade de Deus.

FALCÕES, COELHOS, ÁGUIAS, SERPENTE E LEÃO[2]

Há muitos e muitos anos, um jovem perguntou a um velho por que ele se lamuriava tanto.

— Oh! — disse ele. Eu tenho muito trabalho todos os dias: dois falcões para domesticar, dois coelhos para vigiar, duas águias para dirigir, uma serpente para controlar, um leão para acorrentar e um doente para tratar e esperar o seu fim.

Em seguida, contestou o amigo:

— Mas nenhum homem tem de fazer todas estas coisas ao mesmo tempo!

— Ah! — corrigiu o velho. Comigo acontece isso justamente como lhe disse. Os dois falcões são os meus olhos; os dois coelhos, os meus pés; as duas águias, as minhas mãos; a serpente é a minha língua; o leão, o meu coração e o doente, o meu próprio corpo.

2. História de Henry H. Schooley (Rhode Island, EUA). Disponível em: http://tesourodeilustracoes.blogspot.com/2012/10/dominio-proprio.html. Acesso em: 25 jul. 2023.

O conto "Falcões, coelhos, águias, serpente e leão" nos traz uma bela lição sobre o domínio próprio. Devemos cuidar do nosso corpo – olhos, mãos, pés, língua e coração – simultaneamente. Essa é a nossa responsabilidade para com Deus, que nos presenteou com essas capacidades motoras. No entanto, esse cuidado só será efetivo ao nos submetermos ao Espírito de Deus.

O Espírito Santo é o poder que nos auxilia a viver em equilíbrio, quebrando a nossa natureza pecaminosa e nos lembrando de que somos santas, separadas para vivermos a novidade de vida que recebemos de Cristo.

Frutificando

Em pequenos papéis, escreva palavras que possam causar mágoa, tristeza, frustração em alguém. Mas não as entregue, apenas escreva. Agora, amasse bem os papéis. Em seguida, tente desamassá-los. O que acontece? Ficaram marcados, não é mesmo? Assim acontece com o coração das pessoas quando as ferimos com palavras ditas impensadamente — elas deixam marcas difíceis de serem curadas.

Liste três áreas da sua vida em que você precisa exercer mais domínio próprio. Ao lado de cada área, identifique e anote três comportamentos que você colocará em prática, a fim de alcançar a mudança de que precisa.

Conclusão

A estrada que nos propomos a percorrer, refletindo sobre as ações práticas acerca do Fruto do Espírito Santo, foi longa e desafiadora para todas nós mulheres, especialmente neste tempo marcado por expressivas mudanças e aceleradas transformações em todas as esferas. Cada característica do Fruto do Espírito, como vimos, apresenta seus desafios, sendo necessário disciplina, sabedoria e empenho no jejum, na oração e na intimidade com Deus, a fim de manifestarmos a presença do Senhor em nosso viver **diário**.

Espero que as instruções descritas nestas páginas tenham sido como alimento para a sua alma e espírito. Uma tangerina descascada deve ser imediatamente consumida para que não perca seu sabor. Da mesma forma, convido-a a usufruir prontamente do que foi compartilhado, para que o Fruto do Espírito produza vida em você. Assim como até as cascas da fruta são úteis para o enriquecimento de um solo, servindo de adubo, preserve todas as palavras que você leu aqui, refletindo cuidadosamente sobre cada capítulo. Aplique-as em seu viver diário, permita que germinem em seu coração e deixe que cresçam, a fim de que o aprendizado seja completo.

Mas antes, há uma decisão a ser tomada: se você ainda não entregou sua vida a Jesus, vivendo em sua total dependência, admita o quanto precisa dele, convide-o a fazer morada em seu coração, persevere em amá-lo diariamente, e a paz que ele concede encherá seu coração, trazendo a certeza de ter escolhido o caminho certo.

Lembre-se de que a ação do Espírito Santo em nosso ser é algo profundamente transformador e recompensador, então não deixe de clamar ao Senhor para que a encha com seu poder, pois ele lhe dará a capacitação necessária para enfrentar os desafios que estão diante de você. Como mulheres que desejam em tudo honrar o nome do Senhor, precisamos diariamente dessa graça, no cuidado com os filhos, no relacionamento com o marido, nos desafios profissionais e sociais e nas nossas emoções.

Você se lembra do propósito com o qual nos comprometemos na introdução deste livro? Como foi a sua trajetória até chegar aqui? Conseguiu assumir uma postura de gratidão, sem reclamar das dificuldades? Nossa caminhada com Cristo é um **processo**, no qual seremos santificadas dia após dia, o que leva tempo e envolve aprendermos com as nossas falhas. Quando as situações desafiadoras surgirem, confesse em oração o quanto deseja **ver o Fruto do Espírito aperfeiçoado** em seu viver diário, para que possa superá-las com poder, graça e amor sobrenaturais. É possível ter amor, alegria, paz, paciência, amabilidade, bondade, fidelidade, mansidão e domínio próprio operando na sua vida através do Espírito de Deus.

Exponha-se a Jesus, que conhece o seu interior e entende o que é passar por tentações. Ele é o seu amigo fiel e conselheiro, capaz de realizar grandes milagres, então não tenha medo de abrir seu coração. Permaneça firme nas verdades expressas ao longo destas páginas, e o Espírito Santo proporcionará cura e libertação em sua vida, se você crer!

Oração de confissão

Senhor Jesus, fui convencida pelo teu Santo Espírito de que sem ti não posso viver. Portanto, eu confesso meus pecados e clamo para que limpes meu coração de toda maldade e erros que cometi ao longo da minha vida.

Peço a ti que me perdoes por tentar viver longe dos caminhos de vida que o Senhor me propõe. Entra em minha vida, Senhor, e faça as transformações que só o Senhor pode realizar.

Clamo também que me enchas com teu Santo Espírito, a fim de que eu possa frutificar da maneira como desejas. Que o meu interior seja abundante como rios caudalosos, que por onde passam levam vida a todos ao redor. Que todos à minha volta sejam saciados de amor, alegria, paz, paciência, amabilidade, bondade, fidelidade, mansidão e domínio próprio, que fluem da minha vida, transformada pelo teu poder, que agora habita em mim.

Assim eu oro com o coração repleto de gratidão! Em teu nome, amém!

Esta obra foi composta em *Museo*
e impressa por Promove Artes Gráficas sobre papel
Offset 90 g/m² para Editora Vida.